MUDWORKS

What others are saying about *Mudworks Bilingual* ~

"We learn language in much the same way that we make art – through fun and experimentation. *Mudworks Bilingual* makes it easy."
– Susannah Byrd
Office of the Mayor, El Paso, Texas
Especialista del libro, Cinco Puntos Press

"Our daughter spent a memorable afternoon with her Spanish-speaking grandmother, each of them reading the projects from *Mudworks Bilingual* in their own language as they successfully communicated through art."
– Marisol and James Clark
parents of 3 daughters, San Diego, California

"Art is a language which all of us speak and its voice is heard loud and clear in this wonderful book."
– Kristen L. Hammond
EduPuppy.com Founder & CEO
Vice President, NAEYC, *Technology & Young Children*

"*Mudworks Bilingual* is a wonderful tool for Spanish-speaking homes, providing parents with fun activities while helping them discover and enjoy the bilingual education process."
– Tina Abich
Child and Family Therapist
former Head Start Teacher, Portland, Oregon

"My customers are always excited about new qualtiy bilingual books for children. and *Mudworks Bilingual* promises to be a much needed addition to bookshelves and art tables everywhere."
– Francisco Gras
President, SBD Spanish Book Distributor, Inc.

Support for bilingual education ~

"I've always been an advocate of bilingual education - knowing more than one language is an asset that should be cultivated and nourished...It's important to value the child's own language because it's by language that we communicate who we are."
– **Francisco Jimenez** is author of his autobiography, *Migrant Child* and winner of numerous awards including "dedicated and continuous service in education" from the Association of Mexican American Educators, 1986. Excerpt is from an interview in *Booklinks: Connecting Books, Libraries, and Classrooms,* December 2001/ January 2002 American Library Association, "Multi-cultural Literature" issue.)

"The bilingual question UCSC researchers find all students benefit from strong cognitive and academic instruction conducted in their first language."
– **Elizabeth Goodman**, Center for Research on Education, Diversity & Excellence (CREDE)

"Alameda County's Multilingual /Multicultural Children's Literature Center recommends literature and gives educators an opportunity to browse books they might want to purchase at other sites. To see the center's materials, please contact the center: (510) 670-4519, 313 W. Winton Ave., Hayward, CA 94544. The staff can suggest appropriate books to meet your budget."
– Excerpt from **Alameda County, Multilingual/ Multicultural Chilren's Literature Center**

"When children receive quality education in their primary language, they gain two things: knowledge and literacy. Because we learn to read by reading—that is, by making sense of what is on the page (Smith, 1994)—it is easier to learn to read in a language we understand. Once we can read in one language, we can read in general.."
– **Stephen Krashen** is a professor of education at the University of Southern California. (Quotes excerpted from "Why Bilingual Education?" ERIC Digest)

"America's rapidly changing demographics point to a growing need for bilingual education."
– **Delia Pompa,** executive director of the National Association for Bilingual Education, excerpt from *"Bilingual Success: Why two-language education is critical for Latinos"*, Hispanic Magazine.com, November 2000

"Research suggests that children who learn a second language are more creative and better at solving complex problems than those who do not."
– **Kathleen Marcos**, excerpt from her brochure written for the ERIC Clearinghouse on Languages and Linguistics

"The number of Hispanic children has increased faster than that of any other racial and ethnic group, growing from 9 percent of the child population in 1980 to 16 percent in 1999. By 2020, it is projected that more than 1 in 5 children in the United States will be of Hispanic origin."
– Excerpt from the website of the **National Latino Children's Institute**, 320 El Paso Street, San Antonio, Texas 78207, February 07, 2002

MaryAnn F. Kohl

ESPAÑOL - INGLÉS

MUDWORKS

Experiencias creativas con arcilla, masa y modelado
Creative Clay, Dough and Modeling Experiences

Ilustraciones ~ Illustrations
Kathleen Kerr

EDICIÓN BILINGÜE
BILINGUAL EDITION

BRIGHT IDEAS
FOR LEARNING

Bright Ring
Publishing, Inc.

Créditos

Diseño gráfico ~ Textype
Ilustraciones ~ Kathleen Kerr
Diseño de la portada ~ Hannah, Michael y MaryAnn Kohl
Redacción~ Megan Kohl
Las manos que sirvieron de modelo ~ Rachel Kohl (sobrina)

Número de catalogación de la Biblioteca del Congreso: 2001119110

Realizado en los Estados Unidos

100 90 80 70 60 50 40 30 25 24 23 22 21 20 19 18 17 16

Ficha de catalogación bibliográfica

Kohl, MaryAnn F.
  Mudworks: ¡ Creaciones con arcilla ! Experiencias creativas con arcilla, masa y modexperiencia básica de modelado con arcillaelado. Edición bilingüe /
 MaryAnn F. Kohl; ilustraciones, Kathleen Kerr. - -
  p. cm. - - (Bright Ideas for Learning)
Incluye el índice.
ISBN 0-935607-17-X

1. Manualidades —Literatura juvenil. 2. Modelado—Literatura Juvenil. I. Kerr, Kathleen, II. Título. III. Series: Kohl MaryAnn F. Bright ideas for learning
                                745.5
                                2001119110

Credits

Graphic Design ~ Textype
Illustrations ~ Kathleen Kerr
Cover Design ~ Hannah, Michael and MaryAnn Kohl
Editing ~ Megan Kohl
Hands Model ~ Rachel Kohl, niece

Library Congress Catalog Card Number: 2001119110

Copyright © 2001 MaryAnn F. Kohl

All rights reserved. No part of this book may be reproduced or transmitted in any form or by any means, including photocopying, without the written permission of the publisher, except for the purpose of book reviews. For permission to photocopy, please contact Bright Ring Publishing.

Manufactured in the United States of America

15 14 13 12 11 10 9 8 7 6 5 4 3 2   First Printing March 2002

Attention: Schools and Businesses
Bright Ring Publishing's books are available for quantity discounts with bulk purchase for educational, business, or sales promotional use.
For information, please contact:
Bright Ring Publishing, Inc.
PO Box 31338 • Bellingham, WA USA 98228-3338
Ph 360-398-9801 • Fax 360-383-0001
info@brightring.com • www.brightring.com

Publisher's Cataloging in Publication

Kohl, MaryAnn F.
  Mudworks: creative clay, dough, and modeling experiences
Bilingual Edition /
 MaryAnn F. Kohl ; illustrations, Kathleen Kerr. - -
  p. cm. -- (Bright ideas for learning)
Includes index.
ISBN 0-935607-17-X

1. Handicraft‹Juvenile literature. 2. Modeling‹Juvenile literature.
I. Kerr, Kathleen, II. Title. III. Series: Kohl, MaryAnn F. Bright ideas for learning
                                745.5
                                2001119110

FOR BETTER OR FOR WORSE © 1988 Universal Press Syndicate
Reproducido con permiso. Todos los derechos reservados.

FOR BETTER OR FOR WORSE © 1988 Universal Press Syndicate
Reprinted with permission. All rights reserved.

Agradecimientos

Quisiera agradecer a las talentosas personas que me ayudaron a hacer de este libro una realidad, que trabajaron con pasión para despertar la creatividad en los niños y que me animaron a vivir esta experiencia editorial.

Agradezco a las siguientes personas que me ayudaron con la producción y diseño del libro:

- Kathleen Kerr, ilustradora, quien perdió su valiente lucha contra el cáncer y que hubiese estado muy orgullosa de ver su trabajo publicado en una edición bilingüe.
- Taous M. Sawyer y Renata Viglione, traductoras, quienes trabajaron con diligencia y entusiasmo en la traducción de **Mudworks.**
- Dorothy Tjoelker-Worthen, dueña de Textype, quien trabajó con rapidez para lograr hábil, creativa y vivazmente un diseño gráfico admirable.
- Jacque Peterson y Joe Shahan, artistas gráficos de Textype, quienes le dieron forma y brillo a todo **Mudworks.**
- Raegan Millhollin, asistente de edición, quien ayudó a elaborar este libro de muchas maneras, pero particularmente digitalizando las ilustraciones y editando el manuscrito.
- Mis muy especiales amigos, Amy, Joyce y Dan Cheney, quienes afinaron detalles del idioma español y me dieron su apoyo en las sesiones semanales realizadas en El Rinconcito.
- May May Gong, experta en páginas web y amiga, a quien siempre se le ocurría alguna idea brillante o algún toque humorístico en el momento oportuno.
- Joe and David Martens, consultores creativos y animadores, que siempre me apoyaron.

Agradezco a mi familia por su ingeniosa contribución al diseño y contenido del libro, y por su disposición a meter las manos en el barro, en el yeso y en masas pegajosas:

- Michael Kohl, mi esposo, quien tuvo la visión de concebir la idea de realizar una muy útil edición en español e inglés de **Mudworks,** que brindara a las familias y colegios bilingües una herramienta funcional a base de masa y arcilla que resultara divertida para todos. Además, agradezco a mi esposo el haber ideado el título y diseñado el fondo de arcilla de la portada y contraportada.
- Hannah Kohl, mi hija mayor, quien sugirió traducir el libro original de **Mudworks,** y me animó a persistir en mi empeño, en medio de las complicaciones de una mudanza de casa; y quien se encargó del diseño de la portada del libro y ayudó de manera significativa con su habilidad natural para las publicaciones.
- Megan Kohl, mi hija menor, quien trabajó entre bastidores, a pesar de sus múltiples ocupaciones, concediéndome preciosos momentos de su tiempo para que disfrutara mi trabajo mientras tomaba té caliente, comía galletas y encontraba la oportunidad para dar mis paseos durante el otoño.

Acknowledgements

I would like to thank the talented good people who have helped bring this book to life, who have worked ardently to encourage children in their creativity, and who have buoyed me through the publishing experience.

I thank those who have facilitated book production and design:

- Kathleen Kerr, illustrator, who lost her brave battle with cancer and would have been proud to see her work in bilingual form.
- Taous M. Sawyer and Renata Viglione, translators, who worked diligently and delightfully to translate the original **Mudworks** from English to Spanish.
- Dorothy Tjoelker-Worthen, owner of Textype, who worked at high-speed to skillfully, creatively, and cheerfully achieve the admirable graphic design.
- Jacque Peterson and Joe Shahan, Textype graphic artists, who added shape and sparkle throughout this edition.
- Raegan Millhollin, editorial assistant, who helped build this book in ways too numerous to mention, but in particular scanning illustrations and editing manuscript.
- May May Gong, webmaster and friend, who was never without a bright new idea or humorous twist when I needed one.
- Amy, Joyce, and Dan Cheney, special friends, who appreciate the finer points of the Spanish language as shared at El Rinconcito.
- Jo and David Martens, creative consultants and cheering section, who are always there with a never-ending supply of new ideas.

I thank my family for their ingenious contribution to book design and content, and for willingness to get their hands in the mud, plaster, and goop:

- Michael Kohl, my husband, who had the foresight to conceive the idea of a much needed Spanish-English edition of **Mudworks** to offer dual language families and classrooms a functional tool filled with clay and dough fun for all! In addition, I thank him for creating the book's title as well as the clay background on front and back covers.
- Hannah Kohl, my older daughter, who suggested the concept of translating the original **Mudworks**, and who encouraged me to persevere through a busy schedule of moving to a new home; who handled the book cover design; and who contributed significantly with her publishing know-how.
- Megan Kohl, my younger daughter, who worked behind the scenes throughout her extremely busy schedule, sharing precious bits of time with me sipping hot tea, munching cookies, and finding time for autumn walks. Megan worked hard to edit the book in her free time. The Index would not exist without Megan!

En afectuosa memoria de mis padres,
Betty Louise Fritzlen Faubion y
John Ross Faubion. Gracias por libros,
creyones, y amante.

In loving memory of my parents,
Betty Louise Fritzlen Faubion and
John Ross Faubion. Thank you for books,
crayons, and love.

~ Su hija,
Your daughter,
MaryAnn Faubion Kohl

Foto de bodas, 1944
Wedding Photograph, 1944

Indice ~Table of Contents

Acerca de la autora

About the Author

El interés de MaryAnn hacia la creatividad artística infantil se origina en los años en que ejerció como maestra de primaria en el estado de Washington (EE.UU.), así como profesora en la universidad para educación preescolar. Ha escrito y publicado libros para Bright Ring Publishing, Inc. desde 1985 y también escribe para Gryphon House, Inc. MaryAnn trabaja como asesora en el área educacional y dicta charlas alrededor del mundo sobre el tema del arte y de las publicaciones infantiles. Además, disfruta escribiendo en la revista *Parenting*, como asesora de Fisher-Price y escribiendo historias para la serie de libros *Chocolate caliente para el alma* (*Chicken Soup for the Soul*). Le encanta leer, esquiar en nieve y compartir con su esposo y sus dos hijas. Ella y su esposo viven en Bellingham, estado de Washington (EE.UU.) USA.

MaryAnn's interest in creative art for children comes from years of teaching elementary school in the state of Washington, as well as college level classes in early childhood education. She has been writing and publishing books for Bright Ring Publishing, Inc. since 1985 and also writes for Gryphon House Inc. MaryAnn works as an educational consultant and gives presentations around the world on children's art and publishing. In addition, she enjoys writing for *Parenting* magazine, consulting for Fisher-Price, and writing short stories for the *Chicken Soup for the Soul* book series. MaryAnn enjoys reading, snow skiing, and family time with her husband and two daughters. She and her husband live in Bellingham, Washington, USA.

" ¡ El arte es un proceso,
no un producto !"

" Art is a process,
not a product ! "

A Note from MaryAnn:
I am very happy to bring my dough and clay classic, *Mudworks*, to you in a bright new bilingual edition. May it bring joy and good times to each and every reader!

MaryAnn F. Kohl

Prólogo

Foreword

Las actividades creativas de modelado presentadas en este libro fueron desarrolladas y recopiladas para que niños de todas las edades puedan expresarse en forma individual. No es necesario copiar modelos de adultos para la realización de las recetas y actividades; los niños simplemente experimentan y crean a partir de los materiales que tienen a mano y el resultado de cada actividad depende únicamente de su imaginación. Algunos de los proyectos serán agradables a la vista, otros tendrán un grato sabor y el valor de otros estará tan sólo en el disfrute del proceso de experimentación. Los niños únicamente necesitan deleitarse con lo que hacen.

The creative modeling experiences in this book were developed and compiled for independent expression by children of all ages. Each recipe and activity needs no adult model to copy; children simply explore and create from the materials at hand. The outcome of each experience is bound only by the child's imagination. Some projects will be lovely to look at, some lovely to taste, and others lovely to have explored and nothing more. Children will need only to please themselves.

"Dejen que yo sea el que haga lo que ya está hecho."

"Let me be the one to do what is done."

~ Robert Frost ~

Introducción
para padres y maestros

Mudworks / Bilingüe es un libro de modelado en arcilla, masa y otras experiencias artísticas con final abierto. No hay proyectos que terminen bien o mal. La exploración y la experimentación en la escultura, diseño y el juego se alientan para todas las edades. Luego que los niños han explorado y experimentado repetidamente con las cualidades de modelado de masas y arcillas, comenzarán a refinar su trabajo automática e independientemente.

Los niños más pequeños pueden ayudar en la preparación de masas y arcillas con supervisión. Los niños más grandes trabajarán de forma más independiente. La decisión de cuánto puede manejar cada niño de forma segura y exitosa es suya y del niño.

Luego que las mezclas estén preparadas, la libertad para explorar y experimentar será estimulada y disfrutada. Modelos adultos para copiar no son necesarios. ¡Pero esto no significa que los adultos no deben unirse y disfrutar de las experiencias de arte también! Las formas de diseño libre, contrapuestas a los productos perfectamente cortados con "moldes para galletas", son la meta de los proyectos de *Mudworks / Bilingüe*.

Explore. Experimente. Crée.
Disfrute observando la chispa creativa de cada niño.

*Nota ~
1. todas las harinas en *Mudworks / Bilingüe* son sin leudante,
   a no ser que se especifique lo contrario (harina de trigo común)
2. cucharita y cuchara:
   no se usarán abreviaciones
3. los selladores incluyen cualquiera
   de los siguientes:

   barnices   aerosoles
   esmalte transparente lacas
   polímeros   o esmalte para uñas

Introduction
for parents and teachers

Mudworks / Bilingual is a book of open-ended clay, dough, and other modeling art experiences. There is no right or wrong way for projects to turn out. Exploration and experimentation in sculpture, design, and play is encouraged for all ages. After children have explored and repeatedly experienced the modeling qualities of doughs and clays, they will begin to refine their work automatically and independently.

Young children may assist in preparation of doughs and clays with supervision. Older children will work more independently. The decision as to how much each child can handle safely and successfully is yours along with the child's.

Once modeling mixtures are prepared, freedom in exploration and experimentation will be encouraged and enjoyed. Adult models to copy are not necessary. But this is not to say adults should not join in and enjoy the art experiences too! Free form designs, as opposed to perfect "cookie-cutter" products, are the goal of the projects in *Mudworks / Bilingual*.

Explore. Experiment. Create.
Enjoy watching the creative sparkle of each child.

*Note ~
1. all flours in *Mudworks / Bilingual* are non-self-rising wheat flour,
   unless otherwise stated (bleached or unbleached all purpose flour)
2. abbreviations will be used for:
   t. = teaspoon, T. = Tablespoon,
   oz. = ounce, lb. = pound, " = inch, ' = feet
3. sealants include any of the following:

   glazes   sprays
   clear enamel   lacquers
   polymers   or nail polish

Los símbolos

En todo **Mudworks / Bilingüe** se han ubicado convenientemente símbolos gráficos en la esquina superior de la página de cada proyecto o receta para darle a usted acceso instantáneo a las cualidades y uso de cada una de ellas. Estos símbolos le ayudarán a escoger aquellas actividades y recetas más adecuadas para usted y el niño.

Para la preparación de toda masa y arcilla, la supervisión del adulto debe ser considerada, especialmente cuando hay que cocinar u hornear. Los símbolos dispuestos abajo indican aquello que debe considerarse durante el uso de la mezcla, más que durante su preparación.

Los siguientes símbolos son para ser utilizados solamente como guías y no son obligatorios. Por favor juzgue las experiencias de arte en **Mudworks / Bilingüe** basado en su conocimiento del niño que participa en la actividad. Siéntase libre para experimentar y cambiar las mezclas y sus usos a su propia elección artística y placer.

The Symbols

Throughout **Mudworks / Bilingual** graphic symbols have been conveniently located in the upper page corner of each project or recipe to give you instant access to the qualities and use of each. These symbols will help with choosing those activities and recipes most suitable for you and the child.

For all dough and clay preparation, adult supervision should be considered, especially when cooking or baking is involved. The symbols below indicate things to consider during the use of the mixture, rather than in the preparation. Appropriate age suggestions are also based on the use of the mixture, rather than the preparation.

The following symbols are to be used only as guidelines and are not mandatory. Please judge the art experiences in **Mudworks / Bilingual** based on your knowledge of the children involved. Feel free to experiment and change the mixtures and their uses to your own artistic choice and pleasure.

---

edad: apropiada para el uso de la mezcla

age: appropriate suggestion for use of mixture

no cocinar: la mezcla no necesita cocción antes de usarse, pero podría necesitar ser horneada o secada al aire

no cook: mixture needs no cooking *before use*, but may need baking or air drying

cocinar: la mezcla necesita cocinarse durante la preparación

cook: mixture needs cooking in preparation

secar al aire: las piezas artísticas pueden secarse al aire

air dry: art objects can air dry

hornear: las piezas artísticas pueden hornearse para su conservación

bake: art objects can be baked for permanence

comestible: las mezclas o las piezas artísticas pueden comerse-coma sólo las mezclas que tengan este símbolo

edible: mixture or art objects are edible – only eat mixtures with this symbol

ayuda: se requiere la supervisión de un adulto

help: extra adult help recommended

precaución: se sugiere tomar precauciones *(con cuidado)*

caution: caution should be observed

Donde encontrar los materiales

aceite vegetal, aceite de canela, aceite de clavo de olor
tienda de comestibles (almacén)
tienda de abarrotes (almacén)
farmacia

almidón líquido
tienda de abarrotes (almacén)
sección de jabones
tienda de artículos escolares
tiendas de artículos de arte

alumbre
tienda de comestibles (almacén)

arcilla hecha a base de agua (Moist Clay o Earth Clay)
tienda de pasatiempos
tienda de artículos de arte

arcillas comerciales y compuestos para modelar
tiendas de pasatiempos, artísticas, y de artesanías
jugueterías
dept. de artesanías

arena
ferretería, playa, desierto

aserrín
maderera

barnices
todo en ferreterías, en tienda de arte y pasatiempos, goma laca, barniz, spray acrílico transparente, barniz, transparente, barniz transparente en aerosol

cremor tártaro
tienda de comestibles (almacén)

embudo
casa de repuestos para automóviles
tienda de artículos de cocina

engrudo
casas de decoración que vendan papel para empapelar
tienda de pasatiempos
hágalo en casa

exprimidor de ajos
tiendas de comestibles (almacén)
tiendas de artículos de cocina

glicerina
tiendas de útiles escolares
farmacia

palitos para helados
tienda de artesanías y pasatiempos

parafina
tienda de abarrotes (almacén), departamento de artículos enlatados

procesador de alimentos
en variedad de tiendas, dept. de cocina
tiendas de artículos de cocina

sal gema
tiendas de ramos generales
tienda de abarrotes (almacén)
tiendas de artículos de jardinería

spackle
ferretería

tubos (mangas)
tienda de artículos para decorar tortas
tienda de artículos varios, dept. de cocina
tienda de artículos de cocina

vermiculita
tiendas de artículos de jardinería

yeso de París
ferretería
tiendas de pasatiempos y de artesanías

Where to Find Materials

alum
grocery stores, spice dept.

clays and modeling compounds
hobby, art, and craft stores
toy stores
craft dept.

cream of tartar
grocery stores, spice dept.

decorating tubes
cake decorating stores
variety stores, kitchen dept.
kitchen stores

food processor
variety stores, kitchen dept.
kitchen stores

funnel
car part stores
kitchen stores

garlic press
grocery stores
kitchen stores

glazes, shellac, varnish, clear acrylic spray, clear glaze, clear enamel spray
all at hardware stores, art stores, and hobby stores

glycerin
school supply stores
pharmacy

liquid starch
grocery stores (laundry section)
school supply stores
art stores

oil for cooking
grocery stores

oil of cinnamon, oil of cloves
pharmacy
grocery stores

paraffin
grocery stores, canning department

plaster of Paris
hardware stores
hobby and craft stores

popsicle sticks (craft sticks)
craft and hobby stores
also called craft sticks

putty
hardware stores

rock salt
variety stores
grocery stores
gardening stores

sand
hardware stores
beach
desert

sawdust
lumber yard
shop class

spackle
hardware stores

vermiculite
gardening stores
gardening department or variety stores

water base clay (also called Moist Clay or Earth Clay)
hobby stores
art supply stores

wheat paste
wallpaper stores
hobby stores
homemade

Masas para jugar*

Capítulo 1

Las recetas de este capítulo están hechas con la intención de ser experimentadas y disfrutadas sin resultados predeterminados. Cada tipo de masa o arcilla tiene texturas, olores y cualidades de modelado únicas en si mismas y carecen de resultados planeados. Los niños exploran y crean libremente. Muchas de las recetas dan sugerencias para efectuar variaciones a fin de aumentar la capacidad de disfrutar la receta luego que el niño haya tenido la oportunidad de experimentar con ella. Siéntase libre de explorar y mezclar ideas de una página a la otra.

* "Masas para jugar" es la traducción literal del nombre "Playdough", un material popular para jugar que está disponible en las jugueterías en Estados Unidos. Los niños la utilizan como arcilla para modelar.

Playdough

Chapter 1

The recipes in this chapter are meant to be explored and enjoyed without definite outcomes. Each dough or clay has textures, smells, and modeling qualities unique to itself that require no planned results. Children explore and create freely. Many of the recipes give suggestions for variations to expand the enjoyment of the recipe after the child has had a chance to explore. Feel free to experiment and mix ideas from one page to another.

*"Masas para jugar" is a literal translation of the created word "Playdough" which is a popular toy available in stores in the USA. Children use it like modeling clay.

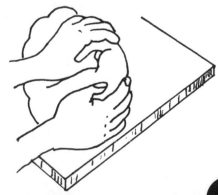

Arcilla para jugar

*de color blanco puro –
endurece rápido*

MATERIALES
1 taza (240 ml) de bicarbonato sódico
¹/₂ taza (125 ml) almidón de maíz
²/₃ taza (160 ml) de agua tibia
colorante para alimentos o pintura para carteles
goma laca o esmalte de uñas transparente
cacerola
tabla

PROCESO
1. mezcle el bicarbonato sódico y el almidón de maíz en la cacerola
2. añada agua y mezcle hasta obtener una consistencia suave
3. sobre fuego medio, hierva y revuelva hasta que parezca un puré de papas
4. vierta en la tabla para enfriar
5. amase cuando esté fría
6. para dar color, amase el colorante con la arcilla hasta homogeneizar o pinte cuando esté terminada la pieza
7. cuando se seque, pinte con goma laca o esmalte de uñas

DATOS
- se obtiene 1¹/₂ tazas (360 ml) de masa y puede duplicarse la receta sin problema
- endurece rápido
- se conserva en envase hermético por varias semanas

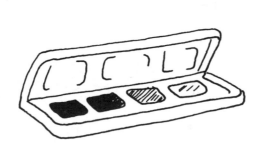

masa para jugar, cocinada

3+

MATERIALS

pure white – hardens quickly

1 cup (250 ml) baking soda
1/2 cup (125 ml) cornstarch
2/3 cup (160 ml) warm water
food coloring or poster paints
shellac or clear nail polish
saucepan
board

PROCESS

1. mix baking soda and cornstarch in saucepan
2. add water and stir until smooth
3. over medium heat, boil and stir until like mashed potatoes
4. pour onto board to cool
5. knead when cool
6. for color, knead food coloring into clay until blended or paint when finished
7. when dry, brush with shellac or nail polish

HINTS

- makes 1½ cups (360 ml), doubles well
- hardens quickly
- stores in airtight container for several weeks

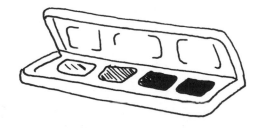

17

Masa de maicena americana

ligeramente granulada y blanca –
se conserva bien

MATERIALES
½ taza (125 ml) de sal
½ taza (125 ml) de agua caliente
¼ taza (60 ml) de agua fría
½ taza (125 ml) de almidón de maíz
cacerola
tazón
tabla

PROCESO
1. mezcle la sal y el agua caliente en la cacerola y póngala a hervir
2. revuelva el agua fría con el almidón de maíz en el tazón
3. agregue la mezcla de almidón de maíz al agua hirviendo y revuelva
4. cocine a fuego lento, revolviendo hasta que parezca una masa para pastel
5. remueva y vacíe sobre la tabla
6. cuando enfríe, amase hasta que esté suave
7. experimente libremente con la masa

DATOS
- su textura es granulosa
- se endurece en 1 ó 2 días
- es blanca
- secado rápido en horno a 200°F (90°C) por 1 hora
- se conserva por largo tiempo si se guarda en un recipiente

Cornstarch Dough

slightly grainy and white – keeps well

MATERIALS
½ cup (125 ml) salt
½ cup (125 ml) hot water
¼ cup (60 ml) cold water
½ cup (125 ml) cornstarch
pan
bowl
board

PROCESS
1. mix salt and hot water and boil in pan
2. stir cold water into cornstarch in bowl
3. add cornstarch mixture to boiling water and stir
4. cook over low heat, stirring until like pie dough
5. remove and turn onto a board
6. when cool, knead until smooth
7. explore dough freely

HINTS
- texture is grainy
- hardens in 1–2 days
- is white
- speed drying time in oven 200°F (90°C) for 1 hour
- keeps a long time if stored in container

playdough, cooked

Masa recreativa

*suave, masa blanca –
buena para hacer animales*

MATERIALES
acuarelas, témperas, papel encerado
1 taza (250 ml) de sal
1/2 taza (125 ml) de almidón de maíz
1 taza (250 ml) de agua hirviendo
cacerola
paño húmedo

PROCESO
1. mezcle todos los ingredientes en una cacerola
2. hierva hasta que forme un bollo suave
3. amase sobre papel encerado hasta que adquiera contextura de masa
4. envuelva en trapo húmedo para conservarla por unos pocos días
5. sosteniendo un trozo de arcilla en las manos, estire formando piernas o brazos, y cabeza y cola
6. deje que los animales se sequen y luego píntelos

VARIACIONES
- haga diseños de forma libre
- haga ornamentos para días festivos o cumpleaños

*smooth, white dough –
good for making animals*

MATERIALS

water colors, tempera paints, wax paper
1 cup (250 ml) salt
½ cup (125 ml) cornstarch
1 cup (250 ml) boiling water
pan
wet cloth

PROCESS

1. mix all ingredients in a pan
2. boil to a soft ball stage
3. knead on wax paper until dough-like
4. wrap in wet cloth to keep for a few days
5. by holding a lump of clay in hands,
   pull out the clay to make legs or arms and head and tail
6. let animals dry and then paint

VARIATIONS

- make free-form designs
- make ornaments for
  holidays or birthdays

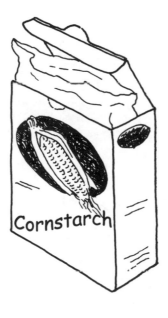

Cornstarch

SALT

Masa aceitosa salada

se trabaja muy fácilmente

MATERIALES

1 taza (250 ml) de harina
1 cucharada (15 ml) de aceite vegetal
1 taza (250 ml) de agua
½ taza (125 ml) de sal
2 cucharitas (10 ml) de cremor tártaro
colorante para alimentos
cacerola
envase con tapa
cuchara

PROCESO

1. caliente todos los ingredientes a fuego lento en la cacerola, revolviendo hasta que se forme un bollo
2. amase
3. experimente libremente con la masa
4. guarde en envase cubierto o en bolsa plástica

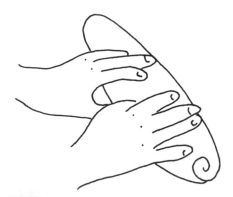

masa para jugar, cocinada

Salty Oil Dough

very workable

MATERIALS
1 cup (250 ml) flour
1 T. (15 ml) vegetable oil
1 cup (250 ml) water
½ cup (125 ml) salt
2 t. (10 ml) cream of tartar
food coloring
saucepan
covered container or plastic bag
spoon

PROCESS
1. heat ingredients over low heat in saucepan, stirring until ball forms
2. knead
3. explore dough freely
4. store in covered container or plastic bag

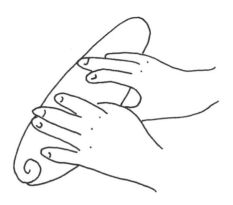

*se moldea o modela bellamente –
duro como piedra al secar*

MATERIALES
1 taza (250 ml) de arena
½ taza (125 ml) de almidón de maíz
1 cucharita (5 ml) de alumbre
¾ taza (180 ml) de agua caliente
colorante para alimentos (opcional)
tazón
cacerola
envase hermético

PROCESO
1. mezcle la arena, el almidón de maíz y el alumbre en el tazón
2. agregue agua caliente, revolviendo vigorosamente
3. agregue el colorante para alimentos, si lo desea
4. cocine en la cacerola a fuego mediano hasta espesar
5. deje enfriar
6. moldee o modele objetos
7. seque al sol durante varios días
8. guarde la masa sobrante en un envase hermético

DATOS
- se obtienen 2 tazas (500 ml)
- granulosa y dura como piedra
- no necesita goma laca o barniz para protegerla

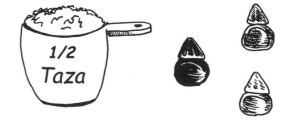

1/2
Taza

masa para jugar, cocinada

Sand Modeling

*molds or models beautifully –
stonelike when dry*

MATERIALS
1 cup (250 ml) sand
½ cup (125 ml) cornstarch
1 t. (5 ml) alum
¾ cup (180 ml) hot water
food coloring (optional)
bowl
pan
airtight container

PROCESS
1. mix sand, cornstarch, and alum in bowl
2. add hot water, stirring vigorously
3. add food coloring if desired
4. cook over medium heat until thick in pan
5. cool
6. model or mold into objects
7. dry in sunshine for several days
8. store left over dough in airtight container

HINTS
- makes 2 cups (500 ml)
- grainy and stonelike
- does not need shellac or varnish for protection

1/2
CUP

playdough, cooked

Masa de azúcar

pegajosa y divertida

MATERIALES

1 taza (250 ml) de azúcar
1 taza (250 ml) de harina
1 taza (250 ml) de agua fría
5 tazas (1 L + 250 ml) de agua hirviendo
cacerola
cuchara

PROCESO

1. mezcle azúcar, harina y agua fría en la cacerola
2. añada agua hirviendo y cocine por 5 minutos, revuelva
3. deje enfriar
4. modele y experimente libremente con la masa

DATOS

- no se conserva bien
- es pegajosa y recreativa

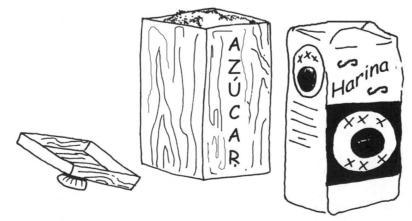

Sugar Dough

sticky and fun

MATERIALS
1 cup (250 ml) sugar
1 cup (250 ml) flour
1 cup (250 ml) cold water
5 cups (1 L + 250 ml) boiling water
pan
spoon

PROCESS
1. mix sugar, flour, and cold water in pan
2. add boiling water and cook 5 minutes, stirring
3. cool
4. model and explore dough freely

HINTS
- does not keep well
- sticky and fun

27

Modelado con pelusa

*materiales poco comunes
se moldea bien –
parecido al papel maché*

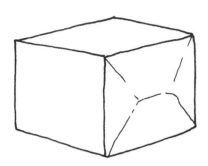

MATERIALES

3 tazas (750 ml) de pelusas del secador de ropa
2 tazas (500 ml) de agua fría o tibia
2/3 taza (160 ml) de harina
3 gotas de aceite de clavo
diarios (periódicos) viejos
cacerola
caja, botella, globo, o molde

PROCESO

1. revuelva la pelusa y el agua en la cacerola
2. añada la harina y revuelva para prevenir la formación de grumos
3. añada el aceite de clavo
4. cocine a fuego lento y revuelva hasta que la mezcla forme picos
5. vierta y deje enfriar sobre los papeles de diario
6. déle forma poniéndola sobre cajas, botellas, globos o presionándola en un molde, o úsela como papel maché (ver Capítulo 4)

DATOS

- se obtienen 4 tazas (1 L)
- se seca en 3 o 5 días
- muy dura, durable
- si se prensa sobre un molde queda lisa al secar
- si se le da forma sobre un objeto queda rugosa al secar

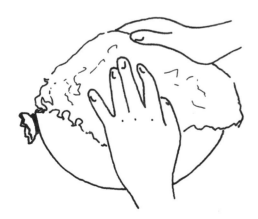

28

masa para jugar, cocinada

Lint Modeling

MATERIALS
3 cups (710 ml) dryer lint
2 cups (500 ml) cold or warm water
²⁄₃ cup (160 ml) flour
3 drops oil of cloves
old newspapers
saucepan
box, bottle, balloon, or mold

unusual ingredients
molds well –
a little like papier-mâché

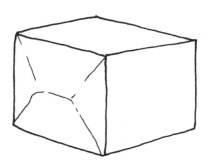

PROCESS
1. stir lint and water in saucepan
2. add flour and stir to prevent lumps
3. add oil of cloves
4. cook over low and stir until mixture forms peaks
5. pour out and cool on newspapers
6. shape over boxes, bottles, balloons or press into a mold, or use like papier-mâché (see Chapter 4)

HINTS
- makes 4 cups (1 L)
- dries in 3–5 days
- very hard, durable
- dries smooth if pressed into a mold
- dries rougher if shaped over an object

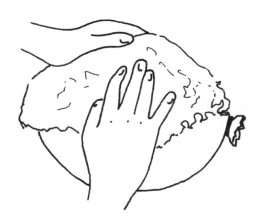

29

Arcilla de panadero

versátil, suave, flexible –
similar a la Masa básica de pan
de artesania página 60-61

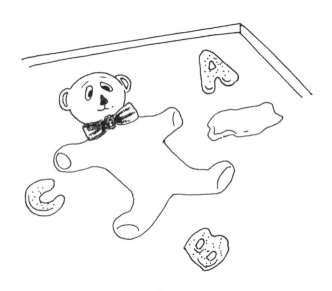

MATERIALES
4 tazas (1 L) de harina
1 taza (250 ml) de sal
1½ tazas (360 ml) de agua
tazón, cuchara
bolsa plástica

PROCESO
1. mezcle la sal con el agua tibia hasta que esté parcialmente disuelta, luego añádala a la harina o mezcle la harina con la sal y luego añada el agua
2. mezcle con la cuchara hasta que los componentes se adhieran entre sí
3. forme un bollo con sus manos y amase de 5 a 10 minutos
4. experimente libremente con la masa

SUGERENCIAS
- si la masa se cuartea al darle forma, deberá seguir amasándola
- si la masa no se puede amasar adecuadamente, añada unas pocas gotas de agua y amase hasta que la masa adquiera un satinado suave
- si la masa está muy húmeda, añada harina (la masa se endurecerá)
- mantenga el bollo de masa en una bolsa plástica o en un envase cubierto y saque sólo la cantidad que necesite (úsela en el transcurso de las siguientes 24 horas)

VARIACIONES
- hornee a 300°F (150°C) en una bandeja para hornear galletas durante aproximadamente 1 hora
- deje enfriar y pinte, si lo desea
- rocíe con barniz transparente o fijador (las piezas terminadas se pueden pegar)
- puede hornearse a 250°F (125°C) de 1 a 3 horas
- haga la mitad, duplique o triplique esta receta
  sugerencia: mida las cantidades cuidadosamente
- glasee con clara de huevo, leche evaporada o mayonesa antes de hornear
- coloree antes de dar forma, mezclando los colores con agua

masa para jugar, sin cocinar

Baker's Clay

versatile, soft, pliable –
similar to Basic Breadcraft p. 60-61

MATERIALS
4 cups (1 L) flour
1 cup (250 ml) salt
1½ cups (360 ml) water
bowl, spoon
plastic bag

PROCESS
1. mix salt in warm water until partially dissolved,
   then add to flour, or mix flour and salt, then add water
2. mix with a spoon until the particles stick together, then
3. form a ball with your hands and knead 5–10 minutes
4. explore dough freely

HINTS
- if a rolled coil splits, dough needs more kneading until coil holds together
- if dough does not knead properly, add a few drops of water at a time and
  work until dough is satiny smooth
- if dough is too moist, add flour (dough will be stiff)
- keep ball of dough in a plastic bag or covered bowl and take out only
  what is needed (use within 24 hours)

VARIATIONS
- bake at 300°F (150°C) on cookie sheet for about 1 hour
- let cool and paint, if desired
- spray with clear varnish or fixative (finished pieces may be glued together)
- can be baked at 250°F (125°C) for 1–3 hours
- half, double, or triple this recipe
  hint: measure carefully
- glaze with egg white, evaporated milk, or mayonnaise before baking
- color before shaping by mixing color with water

31

Modelado rápido

rápido y fácil –
produce una arcilla de colores brillantes

MATERIALES
1 taza (250 ml) de agua fría
1 taza (250 ml) de sal
2 cucharitas (10 ml) de aceite
3 tazas (710 ml) de harina
2 cucharadas (30 ml) de almidón de maíz
pintura en polvo o colorante para alimentos

PROCESO
1. mezcle el agua, la sal, el aceite y suficiente pintura en polvo para producir un color brillante
2. gradualmente vaya añadiendo la harina y el almidón de maíz hasta que parezca a una masa de pan
3. amase
4. modele como lo haría con cualquier arcilla

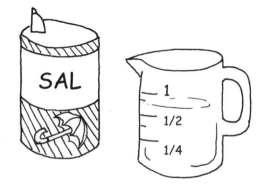

masa para jugar, sin cocinar

Quick Modeling

MATERIALS
1 cup (250 ml) cold water
1 cup (250 ml) salt
2 t. (10 ml) oil
3 cups (710 ml) flour
2 T. (30 ml) cornstarch
powdered paint or food coloring

PROCESS
1. mix the water, salt, oil and enough powdered paint
   to make a bright color
2. gradually work flour and cornstarch in until like bread dough
3. knead
4. model as with any clay

*quick and easy –
makes a bright colored clay*

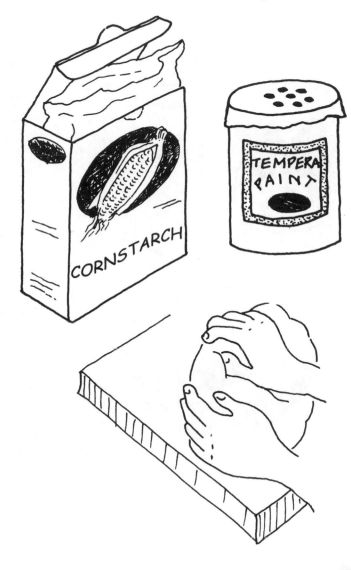

playdough, uncooked

Masa de café

delicado color dorado

MATERIALES

2 tazas (500 ml) de harina
1 taza (250 ml) de sal
¼ taza (60 ml) de café instantáneo
¾ a 1 taza (180 a 250 ml) de agua tibia
barniz
taza
tazón
tabla de pan
mantel plástico
bandeja para hornear galletas, forrada con papel de aluminio

PROCESO

1. mezcle la harina y la sal juntas en un tazón
2. forme una corona en el centro
3. agregue el café a la taza con agua y revuelva
4. vierta el agua con el café en la corona de harina y sal mientras revuelve
5. forme un bollo
   nota: añada más harina o agua de ser necesario
6. amase hasta suavizar en una tabla ligeramente enharinada, por unos 5 minutos
7. envuelva en plástico y refrigere hasta que la vaya a usar
8. modele como con cualquier arcilla
9. hornee a 325°F (160°C) por 1½ horas hasta endurecer, en una bandeja para hornear galletas forrada con papel de aluminio
10. barnice la pieza cuando esté fría para sellarla

DATOS y SUGERENCIAS

- la masa es de un delicado color dorado
- trabaje con bandejas para hornear galletas forradas con papel aluminio
- haga rollos de ½" (1.5 cm) con la masa para obtener mejores resultados
- se obtiene masa suficiente como para hacer una pieza plana de 8 pulgadas o para varias piezas pequeñas

masa para jugar, sin cocinar

Coffee Dough

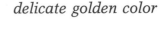

delicate golden color

MATERIALS

2 cups (500 ml) flour
1 cup (250 ml) salt
¼ cup (60 ml) instant coffee
¾–1 cup (180–250 ml) warm water
varnish
cup
bowl
bread board
plastic wrap
foil-lined cookie sheet

PROCESS

1. mix flour and salt together in bowl
2. make a well in the center
3. add coffee to water in cup and stir
4. pour coffee-water into flour-salt well, stirring
5. form a ball
   note: add more flour or water if necessary
6. knead until smooth on lightly floured board, about 5 minutes
7. wrap in plastic and refrigerate until ready to use
8. model as with any clay
9. bake 325°F (160°C) for 1½ hours, until hard, on foil-lined cookie sheet
10. varnish cooled project to seal

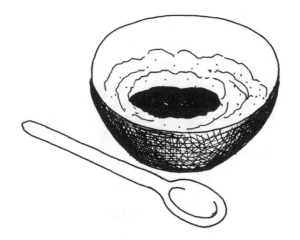

HINTS

- dough is delicate golden color
- work on foil-lined cookie sheets
- roll dough ½" (1.5 cm) thick for success
- enough dough for one 8" (20 cm)
  flat project or several small projects

playdough, uncooked

Masa de canela

huele bien, pero no es comestible

MATERIALES

2 tazas (500 ml) de harina
1 taza (250 ml) de sal
5 cucharitas (25 ml) de canela
3/4 a 1 taza (180 a 250 ml) de agua tibia
tazón
exprimidor de ajos
tabla de pan
envoltura plástica

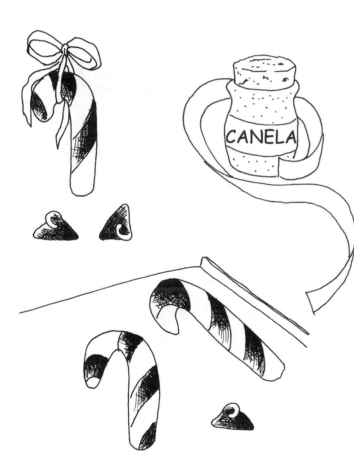

PROCESO

1. mezcle la harina, la sal y la canela en el tazón
2. forme una corona y vierta el agua
3. mezcle con las manos hasta que la masa forme un bollo
   sugerencia: se puede agregar más harina o agua de modo que la masa no se deshaga fácilmente ni esté pegajosa
4. amase sobre la tabla ligeramente enharinada hasta que la masa esté suave y satinada, alrededor de 5 minutos
5. envuelva en el plástico y refrigere 20 minutos antes de usar
6. use como cualquier otra arcilla
   nota: si se extiende con un espesor de 3/4" (2 cm) resulta excelente para usar con moldes para cortar galletas
7. hornee a 350°F (180°C) por 1 hora, hasta endurecer

VARIACIONES

ideas –
- lije y barnice cuando esté fría
- al trabajarla, se le pueden agregar piezas si éstas se sumergen en agua o cepillando la pieza con agua y presionándola sobre el trabajo
- trabaje sobre asadera para galletas para limpiar fácilmente

otras ideas –
- asadera un exprimidor de ajos para hacer cabellos
- atraviésele una cinta para poder colgar la pieza
- trace patrones y corte
- haga formas de bastones de caramelo, bolitas de menta o conitos de chocolate ("kisses")
- use caramelos de masa para decorar coronas o guirnaldas

masa para jugar, sin cocinar

Cinnamon Dough

MATERIALS

smells nice, but inedible

2 cups (500 ml) flour
1 cup (250 ml) salt
5 t. (25 ml) cinnamon
3/4–1 cup (180–250 ml) warm water
bowl
cookie sheets
bread board
plastic wrap

PROCESS

1. mix flour, salt, and cinnamon in bowl
2. make a well in the center
3. pour in water
4. mix with hands until dough forms a ball
   hint: more flour or water may be added
   so dough is neither crumbly nor sticky
5. knead on lightly floured board until smooth and satiny,
   about 5 minutes
6. wrap in plastic and refrigerate 20 minutes before using
7. use as any clay
   note: excellent for cookie cutter ornaments rolled
   3/4" (2 cm) thick
8. bake 350°F (180°C) 1 hour until hard

VARIATIONS

ideas –
- sandpaper and varnish when cool
- when working, pieces may be added by dipping them in
  water or brushing piece with water and pressing on work
- work on a cookie sheet for easy clean-up

other ideas –
- use garlic press for hair
- thread ribbon through to hang
- trace patterns and cut
- make candy cane shapes, peppermint balls, or chocolate kisses
- use dough candies to decorate wreaths

37

Masa de harina de maíz

se obtiene una masa uniforme –
se conserva bien

MATERIALES

1½ taza (360 ml) de harina
1½ taza (360 ml) de harina de maíz
1 taza (250 ml) de sal
1 taza (250 ml) de agua
tazón

PROCESO

1. mezcle todos los ingredientes en el tazón
2. añada más agua para formar una masa suave
3. modele como con cualquier otra masa

DATO

• se conserva hasta seis semanas en un envase hermético

Cornmeal Dough

MATERIALS

forms smooth dough – keeps well

1½ cups (355 ml) flour
1½ cups (355 ml) cornmeal
1 cup (250 ml) salt
1 cup (250 ml) water
bowl

PROCESS

1. mix all ingredients in bowl
2. add more water to form smooth dough
3. model as with any dough

HINT

• keeps up to six weeks in an airtight container

Masa de harina de avena

*una masa pegajosa y distinta a las demás –
no comestible*

MATERIALES
1 taza (250 ml) de harina
2 tazas (500 ml) de harina de avena
1 taza (250 ml) de agua
tazón

PROCESO
1. añada agua a la harina y la avena en el tazón
2. amase hasta mezclar
   dato: esta masa es pegajosa, pero única en textura
3. modele como con cualquier otra arcilla

VARIACIONES
- añada harina de maíz en pequeñas cantidades para darle otra textura
- agregue café molido en pequeñas cantidades para darle otra textura
- mezcle todos los ingredientes en el tazón –
     1 parte de harina
     2 partes de harina de avena
     1 parte de agua

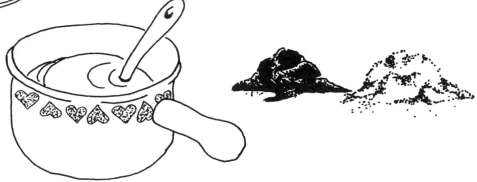

Oatmeal Dough

a sticky but unique dough – inedible

MATERIALS
1 cup (250 ml) flour
2 cups (500 ml) oatmeal
1 cup (250 ml) water
bowl

PROCESS
1. gradually add water to flour and oatmeal in bowl
2. knead until mixed
   hint: this dough is sticky, but unique in texture
3. model as with any clay

VARIATIONS
- add cornmeal in small quantity for texture
- add coffee grounds in small quantity for texture
- mix a batch, large or small –
    1 part flour
    2 parts oatmeal
    1 part water

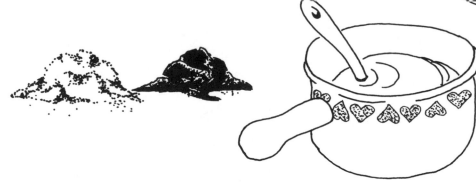

Masa de algodón

el algodón se hincha y conserva la forma

MATERIALES

1 taza (250 ml) de harina
3/4 a 1 taza (180 a 250 ml) de agua
1 bolsa de motas de algodón pequeñas
tazón
bandeja para hornear galletas

PROCESO

1. mezcle la harina y el agua en el tazón hasta formar una pasta suave
2. cubra las motas de algodón con la pasta
   dato: las motas tienden a hincharse y quedarse así si se las maneja con cuidado
3. permita que el exceso de mezcla se desprenda de cada mota
4. dé a las motas la forma deseada
5. póngalas en la bandeja para hornear galletas
6. hornee a 325°F (160°C) por 1 hora, hasta que estén ligeramente doradas y duras

Motas de Algodón

HARINA

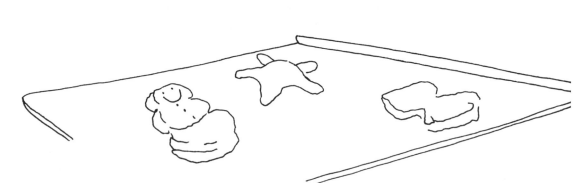

masa para jugar, sin cocinar

Cotton Dough

cotton puffs up and holds shape

MATERIALS
1 cup (250 ml) flour
3/4–1 cup (180–250 ml) water
1 bag small cotton balls
bowl
cookie sheet

PROCESS
1. mix flour and water in a bowl until smooth paste
2. coat cotton balls in paste
   hint: they tend to puff up and stay if handled gently
3. allow excess mixture to fall off each ball
4. form balls into desired shapes
5. place on cookie sheet
6. bake 325°F (160°C) for 1 hour
   until lightly browned and hard

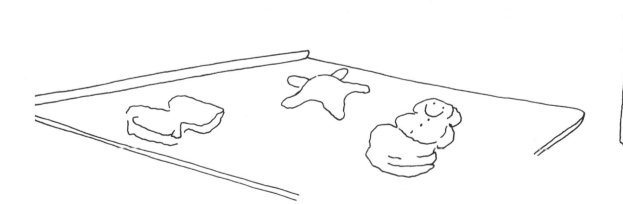

playdough, uncooked

Masa de pegamento

*materiales comunes –
agradable, masa blanca*

MATERIALES
1 taza (250 ml) de harina
1 taza (250 ml) de almidón de maíz
1/2 taza (125 ml) de pegamento blanco
agua
tazón

PROCESO
1. mezcle la harina, el almidón de maíz y el pegamento blanco en un tazón
2. añada agua según se necesite
3. amase hasta que pueda trabajarse
4. modele y experimente libremente con la masa

ALMIDÓN DE MAÍZ

PEGAMENTO BLANCO

masa para jugar, sin cocinar

Glue Dough

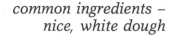

MATERIALS
1 cup (250 ml) flour
1 cup (250 ml) cornstarch
½ cup (125 ml) white glue
water
bowl

*common ingredients –
nice, white dough*

PROCESS
1. mix flour, cornstarch, and glue in bowl
2. add water as needed
3. knead until workable
4. model and explore dough freely

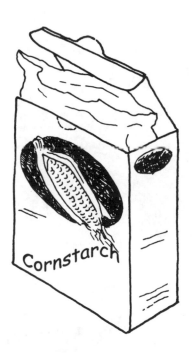

45

Masa de champú

buen uso para el champú viejo

MATERIALES

¾ taza (180 ml) de harina
¼ taza (60 ml) de pegamento blanco
¼ taza (60 ml) de champú espeso
tazón
pintura (opcional)

PROCESO

1. mezcle todos los ingredientes en el tazón
2. amase
3. añada más harina si fuera necesario
4. modele, o estire y corte
5. deje secar
6. pinte si lo desea

Shampoo Dough

MATERIALS

good use for old shampoo

3/4 cup (180 ml) flour
1/4 cup (60 ml) white glue
1/4 cup (60 ml) thick shampoo
bowl
paint (optional)

PROCESS

1. mix all ingredients in bowl
2. knead
3. add more flour if needed
4. model, or roll out and cut
5. dry
6. paint, if desired

WHITE GLUE

Shampoo

*hermosos regalos hechos
con cuentas*

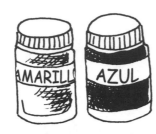

MATERIALES
$3/4$ taza (180 ml) de harina
$1/2$ taza (125 ml) de sal
$1/2$ taza (125 ml) de almidón de maíz
agua tibia
tazón
mondadientes (palillos de dientes)
hilo o cordoncillo
pintura
sellador (opcional)

PROCESO
1. mezcle la harina, la sal y el almidón de maíz en el tazón
2. añada el agua tibia gradualmente hasta que la mezcla tome consistencia
3. amase
4. haga las cuentas, agujeréelas con los mondadientes y deje secar
5. pinte y enhebre
6. selle si lo desea

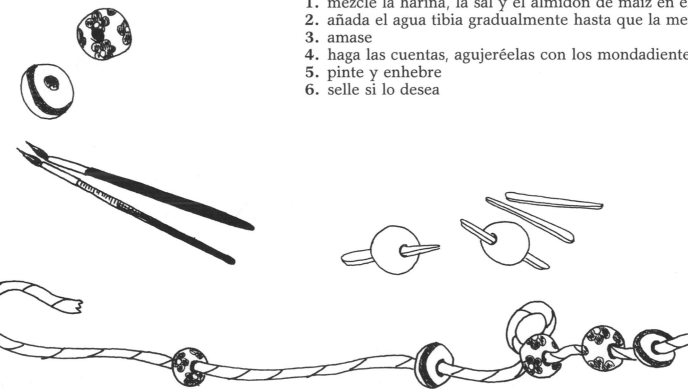

masa para jugar, sin cocinar

MATERIALS

beads make lovely gifts

3/4 cup (180 ml) flour
1/2 cup (125 ml) salt
1/2 cup (125 ml) cornstarch
warm water
bowl
toothpicks
string
paint
sealant (optional)

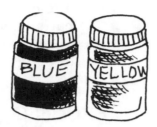

PROCESS

1. mix flour, salt, and cornstarch in bowl
2. add warm water gradually until mixture forms a shape
3. knead
4. make beads, pierce with toothpicks, and allow to dry
5. paint and string
6. seal, if desired

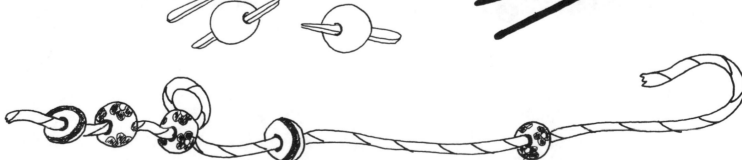

Modelado de mapas

excelente para maquetas y mapas
seca en 1–2 días

MATERIALES
1 parte de sal
1 parte de harina
2/3 parte de agua
colorante para alimentos o pinturas
cartón grueso
tazón

PROCESO
1. mezcle la sal y la harina en el tazón
2. añada agua suficiente hasta que parezca un nevado grueso
3. revuelva
4. añada colorante de alimentos antes de moldear,
   o moldee y pinte cuando se seque
5. dibuje el mapa sobre el cartón grueso
6. extienda la mezcla sobre el cartón grueso formando lomas y valles
7. deje secar
8. pinte si lo desea

DATOS
- excelente para hacer maquetas con relieves
- use la para construir diseños libres
- haga mapas de fantasía de pueblos,
  islas y mundos imaginarios

Copyright © 2002 por MaryAnn F. Kohl • Todos los derechos reservados. Contacte a Bright Ring Publishing para obtener permiso para reproducir o fotocopiar.

Map Modeling

*excellent for dioramas and maps –
dries in 1–2 days*

MATERIALS
1 part salt
1 part flour
2/3 part water
food coloring or paints
heavy cardboard
bowl

PROCESS
1. mix salt and flour in bowl
2. add enough water until like thick frosting
3. stir
4. add food coloring before molding,
   or mold and paint when dry
5. draw map on heavy cardboard
6. spread mixture on cardboard, adding hills and valleys
7. dry
8. paint, if desired

HINTS
- excellent for box dioramas
- use to build free form designs
- make fantasy maps of
  imaginary towns, islands, worlds

51

Modelado con papel crepé

se obtienen esculturas poco comunes

MATERIALES

2 tazas (500 ml) de papel crepé, de tamaño de papelillo (confeti)
1 cucharada (15 ml) de sal
1 taza (250 ml) de harina
agua
mantel plástico
plástico envuelve o papel encerada
tazón
goma laca (opcional)

PROCESO

1. cubra la mesa con plástico o hule
2. corte el papel crepé en pedazos pequeños del tamaño de papelillo (confeti)
3. ponga en el tazón
4. añada agua suficiente para cubrir el papel crepé
5. remoje 15 minutos hasta suavizar
6. mezcle la harina y la sal
7. añada suficiente cantidad de la mezcla de harina y sal al papel crepé para formar una masa firme
8. amase la mezcla
9. cubra un tazón o plato con papel encerado o plástico
10. cubra este molde con la arcilla de papel crepé
    sugerencia: forme una capa gruesa, suavizando los bordes alrededor del molde
11. deje secar por 2 días hasta que se endurezca
12. remueva el tazón del molde y, si lo desea, pinte
13. la goma laca dará un mayor brillo y conservará la pieza

VARIACIONES

use la arcilla de papel crepé –

- sobre un molde, como por ejemplo bolas de papel de periódico
- sobre tubos hechos con papel de periódico formando figuras de animales o cualquier otra forma de escultura
- sobre una estructura de alambre u otra armazón

masa para jugar, sin cocinar

Crêpe Paper Modeling

makes unusual sculptures

MATERIALS
2 cups (500 ml) crêpe paper, confetti-sized
1 T. (15 ml) salt
1 cup (250 ml) flour
water
oil cloth or plastic table cover
plastic wrap or wax paper
bowl
shellac (optional)

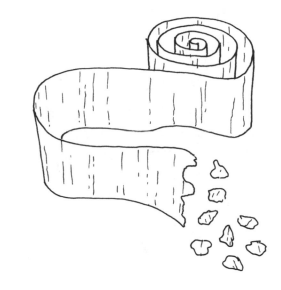

PROCESS
1. cover table with plastic or oilcloth
2. tear crêpe paper into tiny confetti-sized pieces
3. place in a bowl
4. add enough water to cover crêpe paper
5. soak 15 minutes until soft
6. mix flour and salt together
7. add enough flour-salt mixture to crêpe paper to make a stiff dough
8. knead the mixture
9. cover a bowl or dish with wax paper or plastic
10. cover this mold with crêpe paper clay
    hint: make a thick layer, smoothing around the edges of the mold
11. let dry for 2 days to harden
12. remove bowl from mold and paint, if desired
13. shellac will give a high gloss and preserve project

VARIATIONS
use crêpe paper clay –
- over a mold such as balls of newspaper
- over tubes of newspaper forming an animal shape or other sculpture shape
- over a wire form or other armature

53

Mezcla de aserrín

masa similar a la masilla

MATERIALES
1 taza (250 ml) de aserrín
½ taza (125 ml) de Engrudo para empapelado (ver página 104)
agua
tazón
pintura (opcional)

PROCESO
1. mezcle el aserrín con el engrudo para empapelado en el tazón
2. añada suficiente agua para que la mezcla quede como masilla suave
3. exprima y dé golpecitos a la mezcla hasta que tome la forma deseada
4. pinte cuando esté seca si lo desea

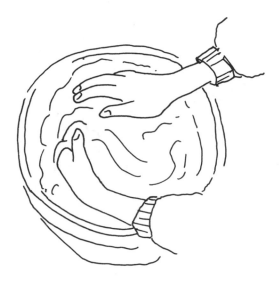

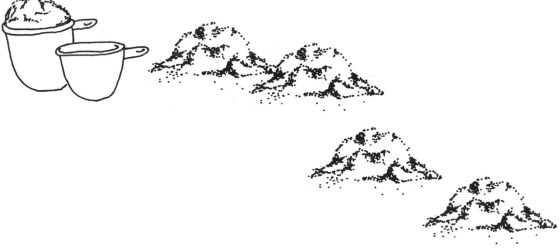

masa para jugar, sin cocinar

Sawdust Mixture

putty-like dough

MATERIALS
1 cup (250 ml) sawdust
½ cup (125 ml) Wallpaper Paste (see p.105)
water
bowl
paint (optional)

PROCESS
1. mix sawdust with Wallpaper Paste in bowl
2. add enough water to make mixture like soft putty
3. squeeze and pat modeling mixture to desired shape
4. paint when dry, if desired

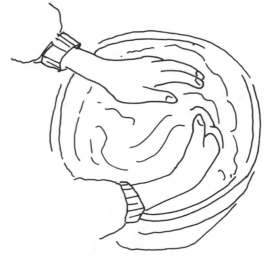

55

Mientras más viejo me hago y mientras más controlo el medio, más cerca me encuentro de mis primeras experiencias. Pienso que al final de mi vida recobraré toda la fortaleza de mi infancia.

~ Joan Miro

The older I get and the more I master the medium, the more I return to my earliest experiences. I think that at the end of my life I will recover all the force of my childhood.

~ Joan Miro

Masa de pan

Capítulo 2

Aunque muchas de las siguientes recetas no están hechas con levadura, a todas se las considera "masas de pan" de acuerdo con el producto final. Algunas se elaboran, en realidad, con rebanadas de pan combinadas con otros ingredientes. Todos los trabajos artísticos presentados a continuación tienen un resultado que sólo podrá ser determinado por la creatividad del niño y por su experimentación.

Bread Dough

Chapter 2

Although many of the following recipes are not made with yeast, all are considered "bread doughs," based upon the resulting finished product. Some are actually made with slices of bread combined with other ingredients. All of the following art experiences are open-ended in the final outcome based upon the child's own creative ideas and exploration.

CREACIÓN DE LA PIEZA
Proceso básico –

1. todas las partes de la masa deben unirse con agua, usando un pincel o los dedos
2. adhiera las piezas delgadas de masa presionándolas con un instrumento, como el borrador de un lápiz, un mondadientes o un destornillador
3. déle forma a los objetos directamente sobre una bandeja para hornear o sobre una bandeja cubierta con papel de aluminio, teflón o aluminio
4. las impresiones se pueden hacer con cualquier tipo de objetos
5. corte los bordes derechos con un cuchillo afilado, cortador de pizza o rebanador de zanahorias
6. los bordes irregulares pueden suavizarse frotándolos con el dedo mojado en agua
7. los objetos pequeños pueden ser horneados hasta que queden duros
8. los objetos grandes pueden hornearse sobre papel de aluminio
9. los objetos muy pequeños pueden ser horneados sobre mondadientes
10. añada los elementos para colgar la figura antes de hornear: ganchos decorativos, alambre doblado, anillos de las latas de gaseosas, "clips" para papeles
11. el cabello, el flequillo y efectos similares pueden crearse presionando la masa a través de un exprimidor de ajos, o se pueden añadir trozos de fideos cocidos (los fideos crudos o pasta de cualquier forma pueden añadirse a la masa y luego hornearse)
12. la masa con lentejuelas, plásticos y telas metálicas puede hornearse a baja temperatura
13. ramas, ramitas, vainas, bellotas, semillas y conchas pueden hornearse junto con la masa
14. las roturas y grietas en piezas ya horneadas pueden repararse rellenándolas con pegamento blanco; puede añadirse masa fresca entre las piezas quebradas, volver a hornear y cubrir con pintura
15. si un objeto se ablanda, vuélvalo a hornear y sellar
16. no coma esta masa

HORNEADO DE ESTA MASA

1. hornee hasta que esté completamente seca y que quede casi dura como una piedra
2. hornee a 275°F-325°F (140°C-160°C) por ½ hora por cada ¼ pulgada (6 mm) de espesor (la masa queda más blanca a temperaturas más bajas)
3. si una parte se oscurece más que la otra, cubra la parte oscurecida con papel de aluminio y termine de hornear

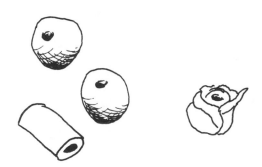

Working with Bread Doughs

CREATING THE OBJECT
Basic Process

1. all dough parts must be joined with water, using a brush or fingers
2. adhere thin pieces of dough by pushing an instrument through them like the eraser of a pencil, toothpick, screwdriver
3. shape objects directly on a baking sheet or piece of foil on a Teflon or aluminum sheet
4. impressing can be done with any variety of objects
5. cut straight edges with a sharp knife, pizza cutters, carrot slicers
6. ragged edges can be smoothed by a finger dipped in water
7. small objects can be baked solid (not hollow)
8. large pieces can be baked over foil shapes
9. very small objects can be baked on toothpicks
10. add hanging devices before baking: ornament hooks, bend wire, circles from pop top drink cans, paper clips
11. hair, fringe, and similar effects are created by pushing dough through a garlic press, or lengths of cooked spaghetti can be added (raw noodles or pasta in any shape can be added to dough and then baked)
12. sequins, plastics, metallic fabrics can be baked into the dough at low temperatures
13. branches, twigs, pods, acorns, seeds, shells, can be baked into dough
14. breaks and cracks in baked pieces can be repaired with white glue forced into the crack...fresh dough can be added between broken pieces then rebaked and covered with paint
15. if an object softens, rebake and reseal
16. do not eat this dough

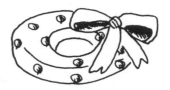

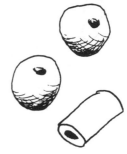

BAKING THE DOUGH

1. bake until thoroughly dried and almost rock hard
2. 275°F–325°F (140°C-160°C) for 1/2 hour per 1/4 " (6 mm) thickness (dough remains whiter at lower temperatures)
3. if a part browns more than another part, cover the brown with foil and finish baking

59

Masa básica de
pan artesanía

versátil, fácil, básica –
no comestible

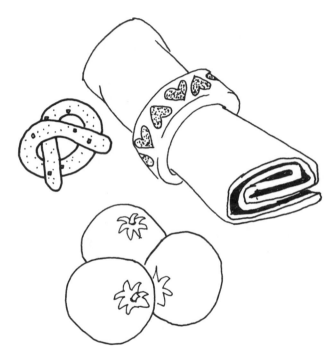

MATERIALES

4 tazas (1 L) de harina
1½ tazas (360 ml) de agua tibia
1 taza (250 ml) de sal
tazón
bandeja para hornear

tabla
plástico envuelve
papel de aluminio
papel encerado

PROCESO

1. mezcle la harina y la sal en un tazón
2. forme una corona
3. vierta 1 taza de agua y mezcle con las manos
4. añada más agua y continúe mezclando .
   nota: no debe desmoronarse ni ser pegajosa, sino que debe formar un bollo
5. amase por 5 minutos sobre la tabla enharinada hasta que quede uniforme
6. trabaje con pequeñas porciones de masa cada vez
7. envuelva el sobrante en plástico y póngalo en el refrigerador
   sugerencia: si la masa se seca añada una pocas gotas de agua y amase
8. trabaje sobre papel encerado o de aluminio
9. hornee por 1 hora o hasta que endurezca a 325°F (160°C)
   dato: la masa no debe "ceder" al golpearla con un cuchillo

VARIACIONES

use la masa para –
- aros para servilletas
- interruptores de luz
- imitaciones de panecillos, galletas saladas
  (pretzels), rosquillas
- como arándanos para ensartar
  con palomitas de maíz
- joyas

- imitación de frutas,
  verduras y carnes
- marcos para cuadros
- cuentas
- moldes e impresiones
- bichitos, insectos, animales
- cualquier tipo de objetos

Basic Breadcraft

MATERIALS
4 cups (1 L) flour
1½ cups (360 ml) warm water
1 cup (250 ml) salt
bowl
baking sheet
board
plastic wrap
foil
wax paper

versatile, easy, basic
inedible

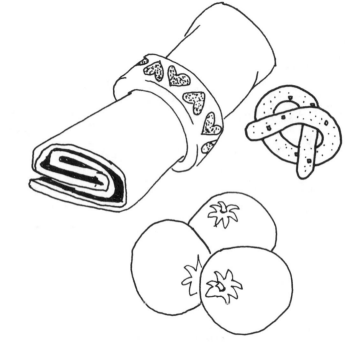

PROCESS
1. combine flour and salt in bowl
2. make well in center
3. pour in 1 cup (250 ml) water, mixing with hands
4. add more water and continue mixing
   note: not crumbly or sticky, but should form a ball
5. knead 5 minutes on floured board, until smooth
6. work with small portion of dough at a time
7. wrap remainder in plastic and put in refrigerator
   hint: if dough dries out, add a few drops of water and knead
8. work on foil or wax paper
9. bake 1 hour or until hard at 325°F (160°C)
   hint: dough should not "give" when tapped with knife

VARIATIONS
use for –
- napkin rings
- wall plaques
- pretend rolls, pretzels, bagels
- as cranberries to string with popcorn
- jewelry

- pretend fruits, vegetables, and meats
- picture frames
- beads
- molds and impressions
- bugs, insects, animals
- free-form objects

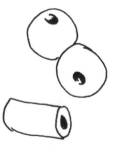

Masa coloreada

*la masa coloreada ahorra el trabajo
de tener que pintarla después de usarla*

MATERIALES
Masa básica de pan de artesanía (página 60)

PROCESO
1. ponga una pequeña cantidad de pintura acrílica o de colorante de alimentos en un bollo de masa
2. amase
3. modele como lo haría con la masa básica de artesanía de pan
   Dato: la masa coloreada se verá más clara una vez secada u horneada

VARIACIONES
use la masa para –
- ornamentos para el Día de San Valentín
- animales, criaturas
- calabazas
- tréboles
- símbolos de festividades
- formas de galletas y más
- haga diversos lotes de diferentes colores

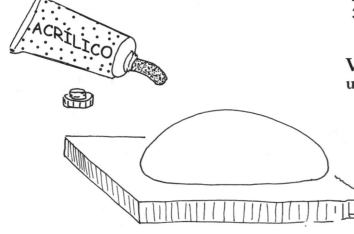

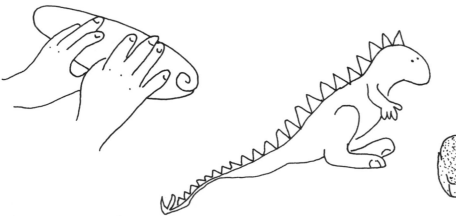

masa de pan, secada u horneada

MATERIALS

Basic Breadcraft dough (p. 61)

colored dough saves painting later

PROCESS

1. squeeze small amount of acrylic paint or food coloring into a ball of dough
2. knead
3. model as with Basic Breadcraft dough
   hint: colored dough will look lighter when dried or baked

VARIATIONS

use for –

- valentines
- creatures
- pumpkins
- shamrocks
- holiday symbols
- cookie shapes and more
- make several batches in different colors

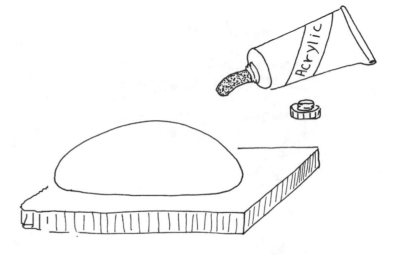

Pan ladrillo

*se cocina y queda duro como piedra –
no comestible*

Yeso de París

MATERIALES

1 paquete de levadura
¼ taza (60 ml) de agua tibia
1½ tazas (360 ml) de leche muy caliente
1 cucharada (15 ml) de manteca
2 cucharadas (30 ml) de azúcar
2 cucharitas (10 ml) de sal
entre 5 y 8 tazas (1 a 2 L) de harina
2 huevos y pincel
entre ¼ a ⅓ taza (60 a 80 ml) de yeso de París

paño
tazón
plato
cacerola
tenedor
bandeja para hornear galletas forrada
  con papel de aluminio
barniz
horno (tibio)

PROCESO

1. mezcle la levadura en el agua tibia en el plato
2. caliente la leche sobre fuego moderado en la cacerola y agregue la manteca
3. deje enfriar
4. añada el azúcar a la levadura
5. mezcle la leche y la levadura ya preparadas con la harina, la sal y el yeso de París
6. vierta en el tazón engrasado y ponga a entibiar en el horno apagado después
   de haberlo precalentado
7. cubra con el paño y deje que la masa levante cerca de una hora,
   hasta doblar su volumen
8. pinche la masa para sacarle el aire y deje descansar 10 minutos
9. modele como lo haría con cualquier arcilla, o déle forma de barra de pan,
   panecillo, rosquilla o galleta salada (pretzel)
   usos: para hacer imitaciones de pan, esculturas, marcos para cuadros,
   adornos para la pared, etc..
10. deje descansar por otra ½ a 1 hora hasta doblar su volumen
11. hornee en una bandeja para hornear forrada con papel de aluminio a
    350°F (160°C) por 15 minutos
12. pinte con huevos batidos
13. hornee por otros 15 minutos
14. baje el horno a 150°F (80°C), y hornee por 6 horas
    dato: la masa debe sonar hueca al golpearla con un cuchillo
15. dé vuelta a todas las piezas y hornee por dos horas más, deje enfriar
16. comience a barnizar, aplicándole, por lo menos, cuatro capas
    sugerencia: para añadir semillas de amapola, de sésamo o algún otro tipo
    de rociado decorativo, hágalo cuando la segunda capa esté pegajosa

masa de pan, horneada

Brick Bread

MATERIALS

1 pkg. yeast
¼ cup (60 ml) warm water
1½ cups (360 ml) scalded milk
1 T. (15 ml) shortening
2 T. (30 ml) sugar
2 t. (10 ml) salt
5–8 cups flour (1–2 L)
2 eggs and brush
¼–⅓ cup (60–80 ml) plaster of Paris

towel
bowl
dish
pan
fork
foil-lined cookie sheet
varnish
oven set on warm

PROCESS

1. mix yeast and warm water in dish
2. scald milk over medium heat in pan and add shortening
3. cool
4. add sugar to yeast
5. mix milk mixture, yeast mixture, flour, salt, and plaster of Paris
6. place in greased bowl in pre-warmed oven (set on warm), turned off
7. cover with towel and let rise for about 1 hour, until double
8. punch air out of dough and let rest 10 minutes
9. model as with any clay, or shape into loaves, rolls, bagels or pretzels
   uses: makes pretend breads, sculptures, picture frames, wall hangings, etc.
10. let rise another ½–1 hour until doubled
11. bake on foil-lined sheet at 350°F (180°C) for 15 minutes
12. brush with beaten egg
13. bake another 15 minutes
14. reduce oven to 150°F (80°C), and bake 6 hours
    hint: dough should sound hollow when tapped with knife
15. turn all pieces and bake two more hours, cool
16. begin coating with varnish at least 4 times in all
    hint: to add poppy seeds, sesame seeds, or sprinkles,
    put on when second coat is sticky

bread dough, baked

Masa congelada de pan

la más fácil
de las masas de pan comestibles

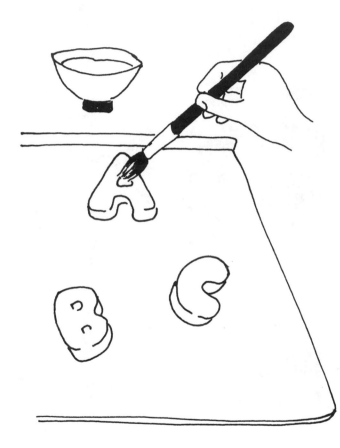

MATERIALES

barra congelada de masa de pan
  (de la sección de alimentos congelados del supermercado)
1 huevo
sal o azúcar con canela
bandeja para hornear galletas engrasada
tazón pequeño
pincel
cacerola y agua

PROCESO

1. descongele la masa de pan la noche anterior a usarla
2. forme bollos pequeños
3. precaliente el horno y engrase la bandeja para hornear galletas
4. separe la yema de la clara del huevo y descarte la yema
   sugerencia: la yema se puede guardar para glasear piezas
5. bata en el tazón la clara con 1 ó 2 cucharitas (5 a 10 ml) de agua
6. ponga la cacerola de agua hirviendo en el horno para ayudar
   a dar textura al pan
7. deje que se levante
8. use la masa como lo haría con cualquier arcilla
9. coloque las figuras hechas con la masa en la bandeja para hornear galletas
10. pinte las figuras con la clara de huevo y rocíeles sal o azúcar con canela
11. hornee por 20 minutos a 350°F (180°C)

VARIACIONES

- letras
- galletas saladas (pretzels)
- serpientes
- animales, recostados

- formas
- decoraciones
- números
- y más

Frozen Bread Dough

the easiest of the edible bread doughs

MATERIALS
loaf of frozen bread dough
(from freezer section of the grocery store)
1 egg
salt or sugar and cinnamon
greased cookie sheet
small bowl
brush
pan and water

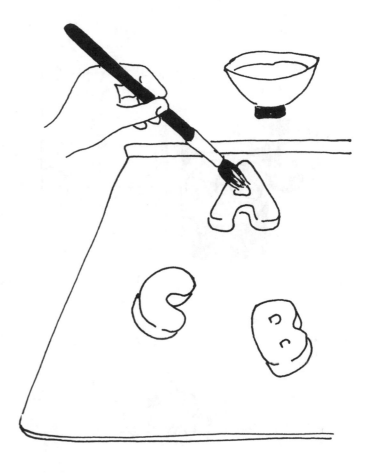

PROCESS
1. thaw frozen bread dough night before using
2. shape into small balls
3. preheat oven and grease cookie sheet
4. separate out egg white and discard yolk
   hint: yolk can be saved for glazing projects
5. beat white with 1–2 t. (5–10 ml) water in bowl
6. place pan of boiling water in oven to help texture of bread
7. let rise
8. use dough like any clay
9. place dough shapes on cookie sheet
10. brush egg white on dough shapes,
    and sprinkle salt or sugar-cinnamon over shapes
11. bake for 20 minutes at 350°F (180°C)

VARIATIONS
- letters
- pretzels
- snakes
- animals, lying down
- shapes
- decorations
- numbers
- and more

Modelado de pan negro

buena alternativa a la harina blanca –
se obtienen 2 tazas de masa marrón

MATERIALES
$1/2$ taza (125 ml) de sal común
$3/4$ taza (180 ml) de agua caliente
2 tazas (500 ml)de harina de trigo integral
1 cucharada (15 ml) de aceite vegetal
tazón
bandeja para hornear galletas
papel de aluminio

PROCESO
1. en el tazón disuelva la sal en el agua
2. añada la harina y el aceite
3. mezcle con las manos y amase
   sugerencia: mantenga sus manos mojadas
4. modele o extienda y corte
5. hornee en la bandeja para hornear galletas forrada con papel de aluminio a 300°F (150°C) por 1 hora

DATO
- se obtienen unas 2 tazas (500 ml)

VARIACIONES
excelente para –
- placas (insignias)
- decoraciones para festividades
- joyas

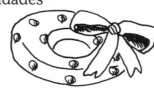

masa de pan, horneada

Brown Bread Modeling

MATERIALS
- 1/2 cup (125 ml) salt
- 3/4 cup (180 ml) hot water
- 2 cups (500 ml) whole-wheat flour
- 1 T. (15 ml) vegetable oil
- bowl
- cookie sheet
- foil

nice option to white flour – makes 2 cups brown dough

PROCESS
1. dissolve salt in water in a bowl
2. add flour and oil
3. mix with hands and knead
   hint: keep hands wet
4. mold, or roll out and cut
5. bake on foil-lined cookie sheet at 300°F (150°C) for 1 hour

HINT
- makes about 2 cups (500 ml)

VARIATIONS
excellent for –
- plaques
- holiday decorations
- jewelry

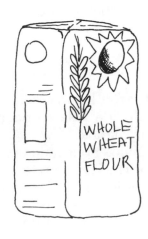

69

Cuentas de pétalos de rosas

lindo y especial –
suficiente para un collar

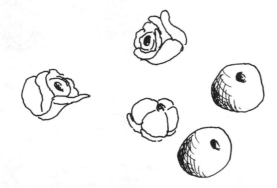

MATERIALES

¹/₂ taza (118 ml) de harina
1 cucharada (15 ml) de sal
2 cucharadas (30 ml) de agua
3 tazas (750 ml) de pétalos de rosas
mondadientes redondos
tazón

PROCESO

1. mezcle en el tazón harina, sal y agua para producir una masa firme
2. corte los pétalos de rosa en pedazos pequeños y aplástelos entre las palmas de sus manos
3. mezcle los pétalos aplastados con la masa, sin que se desmorone
4. con la masa forme las cuentas
5. pase el mondadientes por el centro para hacer el orificio
6. deje secar por algunos días
7. enhebre las cuentas en un cordón después de que estén completamente secas

DATOS

- se obtienen suficientes cuentas para hacer un collar
- remueva los mondadientes antes de que la masa se ponga muy dura

VARIACIONES

- dibuje diseños de rosas en las cuentas aún húmedas
- haga cuentas de diferentes formas
- experimente con otras figuras

masa de pan, secada

Rose Petal Beads

*pretty and unique –
enough for one necklace*

MATERIALS
½ cup (125 ml) flour
1 T. (15 ml) salt
2 T. (30 ml) water
3 cups (750 ml) rose petals
round toothpicks
bowl

PROCESS
1. mix flour, salt, and water to stiff a dough in bowl
2. cut rose petals into tiny pieces and crush in palms
3. mix crushed petals into dough without making it crumbly
4. shape dough into beads
5. push toothpicks through center to make holes
6. dry for a few days
7. string beads on cord after thoroughly dry

HINTS
• makes enough beads for 1 necklace
• remove toothpicks before dough gets too hard

VARIATIONS
• scratch rose designs into wet beads
• make different shaped beads
• experiment with other sculptures

71

bread dough, dried

Es el Arte el que engendra la vida, el que produce curiosidad, el que le da trascendencia a las cosas; sé que no existe sustituto para la fuerza y la belleza de su proceso.

~ Henry James

It is Art that makes life, makes interest, makes importance, and I know of no substitute for the force and beauty of its process."

~ Henry James

Yeso de París

Capítulo 3

El yeso de París es un producto que proporciona maravillosos resultados para los niños. La duración y solidez de los objetos artísticos realizados constituyen, con frecuencia, una vivencia nueva y emocionante. Los proyectos de arte que se presentan a continuación son tan fáciles y divertidos que no hay razón alguna para temerle a este material. Experimentando y explorando con el yeso de París, los niños llegarán a apreciar sus cualidades únicas.

Como limpiar el yeso de París

Comience a limpiar inmediatamente después de verter el yeso en el molde. Se secará rápidamente una vez que la reacción química tome lugar. Cualquier exceso de yeso debe ser quitado de la cacerola inmediatamente y envuelto en papel de periódico de modo que pueda desecharse más fácilmente. ¡No vierta el yeso en el tubo de desagüe! Éste puede endurecerse dentro de las cañerías. Cuando se esté lavando las manos, las herramientas y la cacerola que usó para la mezcla, asegúrese de que el agua corra todo el tiempo.

sugerencia: mezcle el yeso en una pelota plástica cortada por la mitad; resultará fácil de limpiar. La pelota puede voltearse y el yeso se partirá y caerá fácilmente en el basurero.

Plaster of Paris

Chapter 3

Plaster of Paris is a medium with fascinating results for children. The permanence and hardness of the finished art project is often a new and exciting experience. The following art experiences are so easy and fun that there is no need to shy away from this medium. Through experimenting and exploring plaster of Paris, children will come to appreciate its unique qualities.

Plaster of Paris Clean-Up

Begin to clean up immediately after pouring the plaster in the mold. It will harden rapidly once the chemical reaction takes place. Any excess plaster remaining should be wiped from the pan immediately and rolled in newspaper so that it might be disposed of more easily. Do not wash plaster down the drain! It can harden in pipes. When cleaning any hands, tools, and mixing pan, be sure the water runs continuously.

hint: Mix plaster in rubber school playground ball cut in half. Easy clean-up. Ball can be turned inside out and the plaster will crack and fall out easily into the trash.

Molde de arena

*la más fácil de las ideas
de moldes de arena*

MATERIALES

- caja
- papel de aluminio
- arena
- cuchara
- lata de café
- yeso de París (caja o paquete)
- "clips" para papel

PROCESO

1. recubra la caja por dentro con el papel aluminio
2. vierta la arena en la caja y rocíe con agua
3. hunda sus dedos en la arena haciendo agujeros
4. use otras ideas para hacer diseños o agujeros
5. vierta el yeso (con cosistencia de crema batida aguada) sobre el diseño
6. alise la superficie del yeso con la cuchara
7. ponga en el yeso los "clips" para papel para formar ganchos para colgar
   dato: el vaciado se secará muy lentamente por la arena húmeda
8. después de varios días, remueva la pieza y cuélguela

Sand Cast

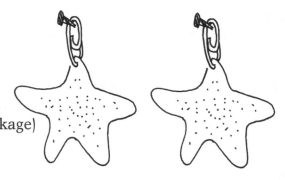

MATERIALS
- box
- foil
- sand
- spoon
- coffee can
- plaster of Paris (box or package)
- paper clip

easiest of sand casting ideas

PROCESS
1. line box with foil
2. scoop sand into box and sprinkle water
3. stick finger into sand to make holes
4. use other ideas to make designs or holes
5. pour plaster (loose whipped cream) over design
6. smooth top of plaster with spoon
7. stick a paperclip into plaster as a hook
   hint: casting will dry very slowly because of the wet sand
8. after several days, remove casting and hang

Mosaico con molde de arena

excursión a la playa

MATERIALES

yeso de París (viene en una caja o paquete)
agua
arena húmeda limpia
envase y cuchara para mezclar el yeso
posiblemente, baldes, cubetas o cacerolas para la arena y el agua
conchas, pequeñas piedras de la playa, trozos de madera
  encontrados a la orilla del mar

PROCESO

1. haga una impresión nítida en cualquier arena húmeda
   sugerencia: use una concha, trozo de madera, impresión de una mano,
   del pie o cualquier otra figura
2. adorne las impresiones con elementos decorativos como conchas, vidrios
   de la playa, piedritas u otros elementos de collage
3. mezcle el yeso de acuerdo con las instrucciones del paquete
   sugerencia: prepare pequeñas porciones ya que se seca rápidamente
4. vierta el yeso humedecido en las impresiones
   sugerencia: inserte "clips" para papel si desea que la pieza se pueda colgar
5. deje endurecer entre 15 y 20 minutos
6. remueva del molde la pieza de yeso y retire el exceso de arena
   de la superficie
      dato: un poco de arena se quedará pegada a la pieza,
                lo cual es parte del trabajo artístico

VARIACIONES

- desarrolle esta actividad puertas adentro en una caja de arena
- haga moldes de arena en una mesita arenera* para juegos infantiles
- trabaje afuera en un montículo de arena o en la playa

*Mesita arenera. En EE.UU. (USA) se le conoce como *sandtable*

Mosaic Sand Cast

MATERIALS

field trip to the beach

plaster of Paris (comes in a box or package)
water
clean wet sand
container and spoon to mix plaster
possibly buckets, basins, or pans for sand and water
shells, beach pebbles, driftwood

PROCESS

1. make a clean impression in any wet sand
   hint: use a shell, piece of driftwood, handprint, footprint or free form
2. inlay impression with decorative items such as shells, beach glass, pebbles, or other collage items
3. mix plaster according to directions on package
   hint: prepare small batches as it hardens quickly
4. pour wet plaster into impression
   hint: insert paper clip if hanging project is desired
5. harden for 15–20 minutes
6. remove plaster form from the impression and brush loose sand from surface
   hint: some sand will cling and is part of the art

VARIATIONS

- do this activity indoors in a box of sand
- do sand casting in a sand table
- work outside in a sand pile or at the beach

Molde de hojas

delicada experiencia de arte

MATERIALES

plato de aluminio para pasteles
lata
hojas de árboles
yeso de París
cuchara
"clip" para papel
témperas o acuarelas (opcional)

PROCESO

1. llene el plato de aluminio con agua y vierta el agua en la lata
2. llene otra vez hasta la mitad el plato de aluminio con agua y viértala en la lata
3. humedezca la parte suave de la hoja y adhiérala al fondo del plato de aluminio
4. revolviendo, añada suficiente yeso al agua como para hacer una "crema batida"
5. vierta la mezcla poco a poco sobre la hoja, extendiéndola hasta cubrirla
6. llene el resto del plato de aluminio con el yeso
7. ponga el "clip" para papel dentro del yeso cerca del borde como un gancho para colgar
8. el yeso estará seco al enfriarse
9. remuévalo cuidadosamente del plato de aluminio
10. remueva la hoja

VARIACIONES

- pinte el yeso antes de remover la hoja
- remueva la hoja y pinte sólo las nervaduras

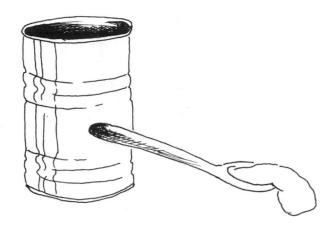

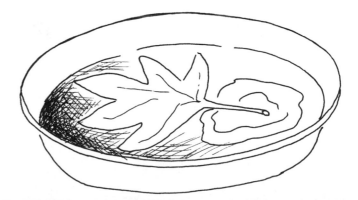

Leaf Casting

MATERIALS

delicate art experience

pie tin
tin can
tree leaves
plaster of Paris
spoon
paper clip
tempera or watercolor paints (optional)

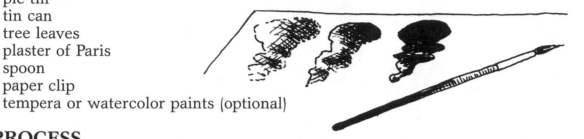

PROCESS

1. fill the pie tin with water and pour the water into the can
2. fill the pie tin again half full, and add to can
3. wet smooth side of leaf and stick to bottom of tin
4. stirring, add enough plaster to water to make 'whipped cream'
5. spoon onto leaf and spread until covered
6. fill rest of pie tin with plaster
7. set paper clip into plaster near edge as a hook
8. the plaster is dry when it is cool
9. remove from pie tin carefully
10. remove leaf

VARIATIONS

• paint plaster before removing leaf
• remove leaf and paint leaf's indentation only

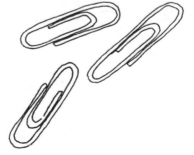

risas garantizadas

MATERIALES

globos
yeso de París
lata
cuchara
embudo, de boca ancha
pintura, adornos (opcional)

PROCESO

1. revolviendo, mezcle el yeso hasta que esté cremoso
2. vierta en el interior del globo usando el embudo
3. ponga el globo relleno de yeso sobre una mesa y sosténgalo hasta que esté firme
4. suéltelo y permita secar por lo menos ½ hora
5. remueva el globo
6. decore y pinte en forma de animales, ,muñequitos o maravillosos diseños de origen desconocido

Balloon Creatures

guaranteed giggles

MATERIALS
- balloons
- plaster of Paris
- can
- spoon
- funnel, large opening
- paint, decorations (optional)

PROCESS
1. stirring, mix plaster until creamy
2. pour into an empty balloon using funnel
3. set plaster filled balloon on table and hold until firm
4. then let go and allow to dry at least ½ hour
5. tear off balloon
6. decorate and paint as animals, creatures, or wonderful designs of unknown origin

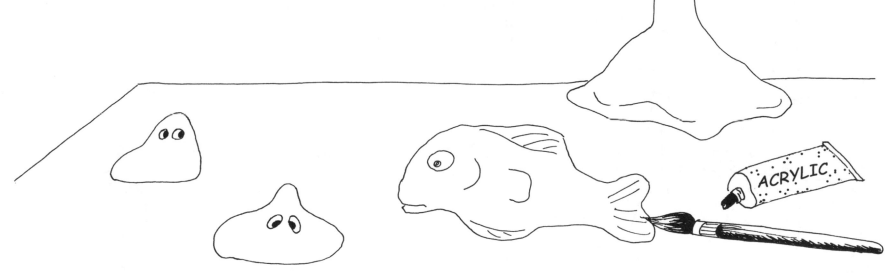

ACRYLIC

Escultura con bolsas

fácil y agradable

MATERIALES
yeso de París
bolsa plástica pequeña, preferiblemente bolsa con cierre hermético (ziplock)
témpera en polvo o témpera líquida, y pinceles

PROCESO
1. vierta el polvo de yeso de París en la bolsa con cierre hermético
2. agreque la témpera en polvo si lo desea
3. añada agua suficiente para formar una masa suave dentro de la bolsa
4. cierre la bolsa
5. amase la bolsa con las manos para mezclar el agua y el yeso
6. cuando esté tibio al tacto, el yeso comienza a fraguar
7. mantenga la bolsa con la forma deseada hasta que el yeso se endurezca
   dato: es cuestión de minutos

VARIACIONES
pinte el yeso ya seco y endurecido con –
- témpera líquida
- variedad de esmaltes para uñas

Bag Sculpture

easy and enjoyable

MATERIALS
plaster of Paris
small plastic bag, ziplock preferred
dry tempera, or liquid tempera and brushes

PROCESS
1. pour plaster of Paris powder into a ziplock bag
2. mix in dry tempera if desired
3. add enough water to form soft dough in bag
4. close bag
5. squeeze bag with hands to mix water and plaster
6. when warm to the touch, plaster begins to set
7. hold bag in desired shape until plaster hardens
   hint: a matter of minutes

VARIATIONS
paint dry, hard plaster with –
- liquid tempera
- variety of nail polishes

Yeso marmolado

*una alternativa agradable al yeso blanco –
divertido para mezclar*

MATERIALES
2 cucharitas (10 ml) de pegamento blanco
½ taza (125 ml) de agua
yeso de París
témpera
molde para el vaciado del yeso
tazón, plato sopero

PROCESO
1. mezcle el pegamento y el agua en un tazón
2. revuelva con suficiente yeso como para lograr una mezcla parecida a un nevado de torta
3. vierta en el plato sopero
4. vierta una gruesa capa de témpera sobre la mezcla
5. incorpore el color sin batir para producir vetas
6. vierta sobre cualquier molde
   (pequeño envase de leche, vasito de papel, etc.).
7. deje secar

VARIACIONES
- ver Molde de arena
- use cualquier forma de plástico o goma como molde

DATOS
- se obtiene cerca de 1 taza; duplique o triplique la receta si lo desea
- mayor variación que con el yeso de París usual

Marble Plaster

MATERIALS
- 2 t. (10 ml) white glue
- ½ cup (125 ml) water
- plaster of Paris
- tempera paint
- mold for plaster casting
- bowl, soup bowl

a nice alternative to white plaster – fun to mix

PROCESS
1. mix glue and water in a bowl
2. stir in enough plaster to make frosting-like mixture
3. pour into soup bowl
4. pour thick coat of tempera paint over mixture
5. fold in color to produce streaks
6. pour into any mold (small milk carton, dixie-cups, etc.)
7. then let dry

VARIATIONS
- see sand casting
- use any form made of plastic or rubber as a mold

HINTS
- makes about 1 cup (250 ml) – double or triple recipe if desired
- stronger variation than regular plaster of Paris

85

*el tallado es una nueva experiencia
para la mayoría de los niños*

MATERIALES
1 parte de vermiculita (del departamento de jardinería)
1 parte de yeso de París
agua
envase para mezclar
caja de cartón o cartón de leche pequeño
herramientas para modelado
papel de lija

PROCESO
1. mezcle la vermiculita y el yeso en el envase
2. añada agua, revolviendo constantemente hasta que esté cremoso
3. vierta sobre la caja y deje endurecer
4. rompa la caja y remueva el bloque de yeso
5. talle y modele con cuchillo, escofina, papel de lija,
   clavos o cualquier herramienta

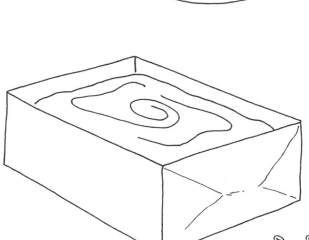

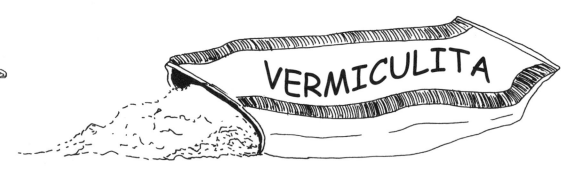

VERMICULITA

Simulated Marble

MATERIALS
1 part vermiculite (from gardening department)
1 part plaster of Paris
water
container for mixing
cardboard box or small milk carton
modeling tools
sandpaper

PROCESS
1. mix vermiculite and plaster in mixing container
2. add water, stirring constantly until creamy
3. pour in box and harden
4. tear away box and remove plaster block
5. carve and model the block with a knife, rasp, sandpaper, nail or any tool

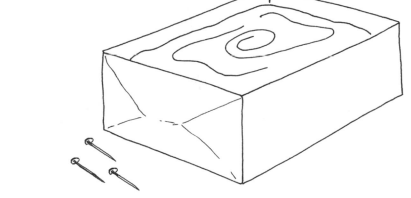

87

provoca desorden y diversión

MATERIALES

1½ partes de yeso de París
1 cucharada (15 ml) de alumbre por cada taza (250 ml) de agua
1 parte de agua
trapo, gasa, toallas de papel o sábanas viejas

PROCESO

1. mezcle el yeso de París con el alumbre
2. añada al agua el yeso y el alumbre
3. revuelva hasta que esté suave y cremoso
4. sumerja el trapo en el yeso
5. drapee sobre una botella o armazón
   de cualquier tipo
   sugerencia para la armazón:
   cono de cartón, alambre, cartón de leche, tubos de papel
6. drapee y dé forma en 15 ó 20 minutos, antes de que seque

DATO

- al secar queda muy duro

VARIACIONES

- úselo para hacer fantasmas o angeles
- úselo para hacer formas extrañas e interesantes
- se puede pintar, dar brillo o pegarle pedrería cuando esté seco

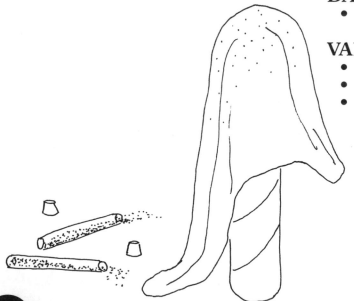

Cloth Dipping

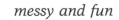

messy and fun

MATERIALS
1½ parts plaster of Paris
1 T. (15ml) alum for each cup (250 ml) of water
1 part water
cloth, gauze, paper towels, or old sheet

PROCESS
1. mix plaster of Paris and alum
2. add plaster and alum to water
3. stir until smooth and creamy
4. dip cloth into plaster
5. drape over a bottle or armature of any kind
   hint for armature: cardboard cone, wire,
   milk carton, paper tubes
6. drape and shape in 15–20 minutes
   before it dries

HINT
• dries very hard

VARIATIONS
• use to make ghosts or angels
• use to make strange and interesting shapes
• can be painted, glittered, or glued with broken jewelry when dry

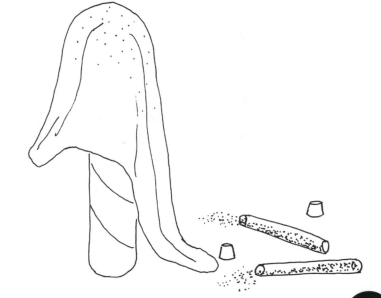

89

El artista debe ver la vida como lo hacía cuando era niño; si pierde esa facultad, no podrá expresarse de manera original, es decir, en su propio estilo.

~ Henri Matisse

The artist has to look at life as he did when he was a child and if he loses that faculty, he cannot express himself in an original, that is, personal way.

~ Henri Matisse

Papel maché

Capítulo 4

¡El trabajo con papel maché posee más facetas de las que uno se imagina! No sólo se pueden hacer maravillas trabajándolo de la forma tradicional, sino que también puede convertirse en una grandiosa arcilla o masa. Disfrute y experimente con los siguientes trabajos de arte y las muchas posibilidades que pueden existir para cada una. Siéntase en libertad de experimentar y combinar las ideas presentadas en las siguientes páginas.

Papier-Mâché

Chapter 4

There is more to papier-mâché than meets the eye! Not only does papier-mâché work wonders in the traditional way, it can also be a wonderful clay or dough. Enjoy and explore the following art experiences and the many possibilities for each. Feel free to mix and experiment with ideas from one page to another.

Pulpa suave de papel maché

debe usarse inmediatamente

MATERIALES
servilletas de papel, pañuelos de papel, toallines o papel higiénico
Engrudo fino (ver página 106) o pegamento blanco

PROCESO
1. desmenuzca las servilletas o los pañuelos de papel
2. cubra con Engrudo fino o pegamento blanco
3. modele dando la forma deseada
   dato: no se debe almacenar – debe usarse inmediatamente

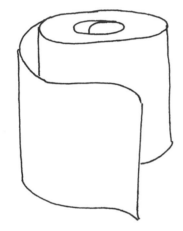

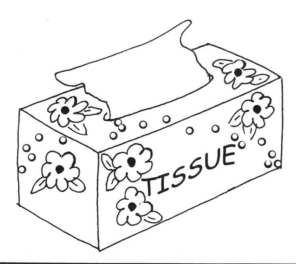

Soft Papier-Mâché Pulp

MATERIALS

paper napkins, facial tissues, paper towels, or toilet paper
Thin Paste (see p.107) or white glue

PROCESS

1. crumple napkins or tissue
2. cover with Thin Paste or white glue
3. model to desired shape
   hint: will not store – must be used immediately

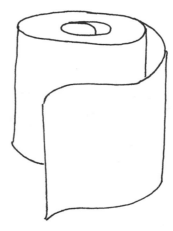

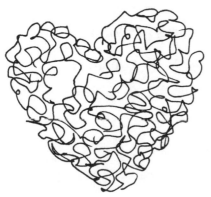

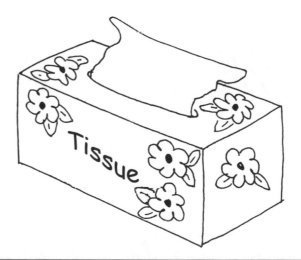

Tiras de papel maché

tradicional y comprobada

MATERIALES
papeles de periódicos viejos
Engrudo fino o Engrudo para empapelado (ver páginas 104 y 106)
globo

PROCESO
1. tome los papeles de periódico y rásguelos en tiras largas y delgadas
2. ponga las tiras sobre papel de periódico y cubra un lado de las tiras con engrudo o páselas por el engrudo y escurra con sus dedos el engrudo sobrante
3. cubra el globo con las tiras de papel cubiertas de engrudo
   sugerencia: coloque las tiras en una dirección
4. aplique una segunda capa de tiras, cruzada sobre la capa anterior
5. continúe aplicando 4 o 5 capas más
6. deje secar por 1 o 2 días

VARIACIONES
- construya una figura con tubos de papel de diario y coloque las tiras sobre esta base
- úselas para construir títeres, piñatas, animales u otros objetos

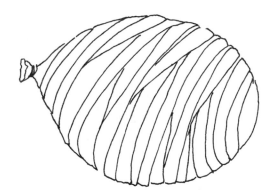

Strip Papier-Mâché

MATERIALS
old newspapers
Thin Paste or Wallpaper Paste (see pgs.105 & 107)
balloon

PROCESS
1. tear newspaper into long thin strips from the fold down
2. lay paper strips on a pad of newspaper and cover one side of strips with paste (or pull through paste, squeezing off extra paste with fingers)
3. cover a base, such as a balloon, with paste covered newspaper strips
   hint: lay strips in one direction
4. apply second layer of strips, running these across the first layer
5. continue for 4–5 layers
6. allow 1–2 days to dry

VARIATIONS
- build a shape of newspaper tubes and form strips over this base
- use to build puppets, piñatas, animals, or other articles

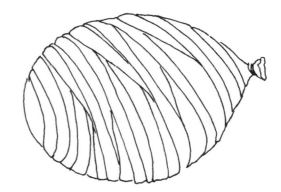

Pulpa de papel maché

*más fácil de usar que las tiras
de papel maché tradicional –
se modela como la arcilla*

MATERIALES

papel de periódico
1 balde o cacerola grande llena de agua tibia
batidora eléctrica
Engrudo para empapelado (ver página 104)
aceite de clavo de olor
pintura para carteles, goma laca

PROCESO

1. rasgue papel de periódicos en tiras de 1 pulgada (3 cm)
2. llene un balde con agua tibia
3. sumerja las tiras en el agua, agitándolas para separarlas
   sugerencia: de ser necesario, añada más agua hasta que el papel esté cubierto
4. déjelas en remojo toda la noche
5. bata el papel mojado en la batidora hasta que esté suave *(con cuidado)*
6. saque el exceso de agua escurriendo con sus manos
7. añada gradualmente engrudo con las manos hasta que parezca arcilla
8. agregue aceite de clavo a la masa para mantenerla fresca, durante su uso, y a medida que se seque
9. dé forma o modele como lo haría con cualquier otra arcilla
10. deje secar de 3 a 5 días sobre una rejilla
    sugerencia: el aire debe circular alrededor del objeto hasta que esté completamente seco
11. pinte con témpera y luego cubra con goma laca

VARIACIONES

- mezcle aserrín o arena con la pulpa para lograr diferentes texturas
- pruebe usar tinte para madera o betún para zapatos en vez de pintura

Papier-Mâché Pulp

MATERIALS
newspaper
1 pail or large pan filled with warm water
electric mixer
Wallpaper Paste (see p.105)
oil of cloves
poster paints, shellac

easier to use than traditional paper strip papier-mâché – model like clay

PROCESS
1. tear newspaper into 1" (3 cm) strips
2. fill a pail with warm water
3. sprinkle strips into water, stirring to separate
   hint: if necessary, add more water until paper is covered
4. set aside overnight
5. beat soaked paper with mixer until smooth *(caution)* CAUTION
6. strain out excess water by squeezing with hands
7. add paste gradually with hands until clay-like
8. add oil of cloves to the dough to keep it fresh, during use and as it dries
9. shape or model as with clay
10. allow to dry 3–5 days on a rack
    hint: air should circulate around object until completely dry
11. paint with tempera paints and then shellac

VARIATIONS
• mix sawdust or sand into pulp for different textures
• try using wood stain or shoe polish instead of paint

Maché de pañuelos de papel

*el tisú de color o papel de seda
produce un lindo papel maché*

MATERIALES

tissue o tissue de color (Kleenex™)
papel de seda
almidón líquido
pegamento líquido
tazón o balde

PROCESO

1. rompa o rasgue el tissue o papel de seda en pedazos o tiras
2. remójelo en el almidón en el tazón o balde, hasta que esté pastoso
3. añada pegamento líquido hasta que se le pueda dar forma a la pulpa
4. escurra el exceso de almidón
5. de forma
6. deje secar
7. pinte si lo desea

VARIACIONES

cubra formas como –
- bolas de papel de periódico
- cartón de leche
- globo

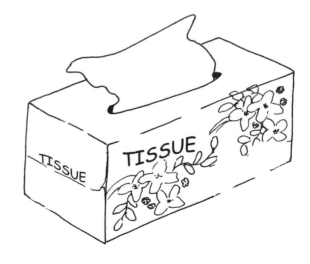

Tissue Mâché

MATERIALS
tissue or colored tissues (Kleenex™)
art tissue, white or colors
liquid starch
white glue
bowl or bucket

colored tissues are pretty for papier-mâché

PROCESS
1. tear tissue into pieces or strips
2. soak in starch in bowl or bucket until mushy
3. add liquid glue until pulp holds a form
4. squeeze out excess starch
5. shape
6. dry
7. paint if desired

VARIATIONS
cover a form such as –
- balls of newspaper
- a milk carton
- a balloon

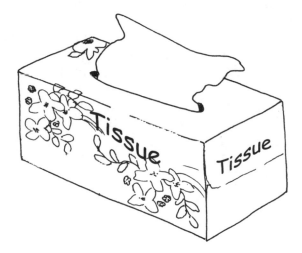

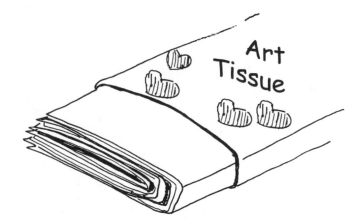

Escultura de botella

se obtiene un lindo recipiente y regalo

MATERIALES
botella plástica
Engrudo para empapelado (ver página 104)
agua
tijeras
papel de periódico
materiales sobrantes
pegamento
pintura

PROCESO
1. mezcle el Engrudo para empapelado con agua
2. corte tiras de papel
3. mójelas con empapelado y presiónelas sobre la botella
4. deje secar y luego pinte

VARIACIONES
- decore la botella con materiales sobrantes y pegamento
- haga un recipiente grande cortando por la mitad un envase plástico de un galón (4 L)
- haga un recipiente pequeño de un envase de jugo de 6 onzas (185 ml)
- experimente cubriendo cualquier recipiente plástico
- frote con betún de zapatos en vez de pintar

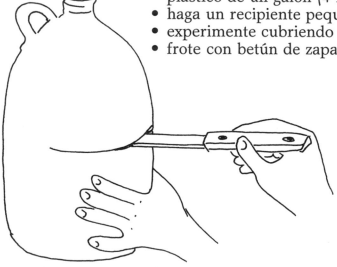

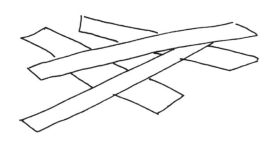

Bottle Sculpture

makes a nice container and gift

MATERIALS
plastic bottle
Wallpaper Paste (see p.105)
water
scissors
newspaper
scrap materials
glue
paint

PROCESS
1. mix Wallpaper Paste with water
2. cut strips of paper
3. wet with paste and press onto bottle
4. let dry and then paint

VARIATIONS
- decorate bottle with scrap materials and glue
- make large container by cutting plastic gallon (4 L) jug in half
- make small container from 6 oz (185 ml) juice container
- experiment covering any plastic container
- rub shoe polish instead of paint

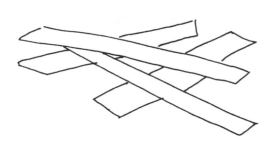

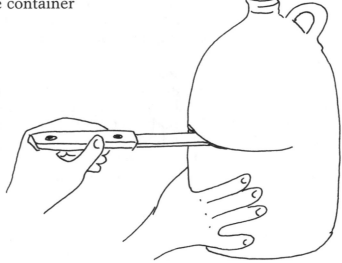

Papel maché de harina

es de características similares a la masa

MATERIALES
de pulpa –
  3 partes de pulpa
  1 parte de harina
  $1/3$ parte de sal
  aceite de clavo de olor
  papeles de periódico viejos
  agua
cacerola grande o balde
batidora eléctrica
pintura para carteles o témpera
laca o goma laca

PROCESO
1. rasgue piezas de periódicos 1″ x 1½″ (3 cm x 4 cm) dentro de una cacerola grande o balde con agua
2. revuelva hasta que cada pieza esté húmeda
3. deje descansar toda la noche
4. bata los pedazos de papel de periódico dentro de la batidora hasta formar una pulpa *(con cuidado)*
5. escurra el agua de la pulpa hasta que quede húmeda, pero no seca
6. mezcle la harina y la sal y añádalas a la pulpa hasta que ésta esté suave y similar a una arcilla
   sugerencia: si estuviera muy húmeda, añada más harina
7. añada aceite de clavo de olor para prevenir la formación de moho durante el secado
8. modele como lo haría con arcilla o cubra alguna figura
9. deje secar de 3 a 5 días
10. pinte con témpera
11. cubra con laca para darle un acabado a prueba de agua (cubra con goma laca si no se requiere que sea a prueba de agua)

CAUTION

Flour Papier-Mâché

dough-like quality

MATERIALS
pulp -
   3 parts pulp
   1 part flour
   1/3 part salt
   oil of cloves
   old newspapers
   water
large pan or bucket
electric mixer
poster or tempera paint
lacquer or shellac

PROCESS
1. tear 1″ x 1¹/₂″ (3 cm x 4 cm) pieces of newpaper into large pan or bucket of water
2. stir until each piece is wet
3. set aside overnight
4. beat newspaper pieces to pulp with mixer *(caution)*
5. squeeze water from pulp until moist, but not dry
6. mix flour and salt together and add to pulp until smooth and clay-like
   hint: if too moist, add more flour
7. add oil of cloves to prevent mold while drying
8. model like clay or build up over a form
9. allow 3–5 days to dry
10. paint with tempera paints
11. cover with lacquer for waterproofing
    (cover with shellac if not waterproofing)

Engrudo para empapelado

se obtiene 1¹/₂ galón (6 L) – úselo con papel maché

MATERIALES
4 tazas (1 L) de harina
1 taza (250 ml) de azúcar
1 galón (4 L) de agua tibia
4 tazas (1 L) de agua fría
¹/₂ cucharada (7 ml) de aceite de canela (opcional)
cacerola grande

PROCESO
1. mezcle la harina y el azúcar en una cacerola grande
2. añada suficiente agua tibia para hacer un engrudo suave
3. añada el resto de agua tibia, revolviendo
4. ponga a hervir, revolviendo hasta que esté grueso y transparente
5. dilúyalo con 4 tazas (1 L) de agua fría
6. añada el aceite de canela si el engrudo no va a usarse el mismo día
7. úselo con Papel maché y otros proyectos que necesiten grandes cantidades de engrudo

DATOS Y SUGERENCIA
- se extiende mejor cuando está tibio
- se conserva por unos pocos días
- se obtiene 1¹/₂ galones (6 L)
- úselo para cubrir pantallas de lámpara y cestos de papeles con tela o papel para empapelar

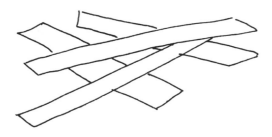

Wallpaper Paste

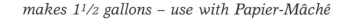

MATERIALS
4 cups (1 L) flour
1 cup (250 ml) sugar
1 gallon (4 L) warm water
4 cups (1 L) cold water
½ T. (7 ml) oil of cinnamon (optional)
large pan

PROCESS
1. mix flour and sugar in a large pan
2. add enough warm water to make smooth paste
3. then add rest of warm water, stirring
4. boil, stirring until thick and clear
5. thin with 4 cups (1 L) cold water
6. add oil of cinnamon if paste will not be used same day
7. use with Papier-Mâché and other projects using large amounts of paste

HINTS
- spreads best when warm
- keeps for a few days
- makes 1½ gallons (6 L)
- use to cover lamp shades and wastebaskets with cloth or wallpaper

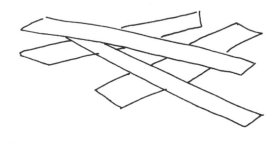

Engrudo fino

se conserva por varios meses –
úselo con la Suave pulpa de papel maché

MATERIALES
$1/4$ taza (60 ml) de azúcar
$1/4$ taza (60 ml) de harina
$1/2$ cucharita (2 ml)) de alumbre
$13/4$ tazas (425 ml) de agua
$1/4$ cucharita (1 ml) de aceite de canela (opcional)
cacerola mediana
pincel o paleta bajalengua
palitos de helado (Popsicle stick)

PROCESO
1. mezcle el azúcar, la harina y el alumbre en la cacerola
2. añada gradualmente 1 taza de agua, revolviendo vigorosamente
3. ponga a hervir, revolviendo, hasta que se vuelva transparente y suave
4. añada el resto del agua y el aceite de canela
5. revuelva
6. extienda con el pincel o con la paleta bajalengua

DATOS
- se obtiene 1 pinta o 2 tazas (500 ml)
- se puede guardar por varios meses sin refrigerar

Thin Paste

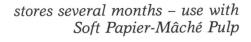

stores several months – use with
Soft Papier-Mâché Pulp

MATERIALS
¼ cup (60 ml) sugar
¼ cup (60 ml) flour
½ t. (2 ml) alum
1¾ cups (425 ml) water
¼ t. (1 ml) oil of cinnamon (optional)
medium pan
brush or tongue depressor (Popsicle stick)

PROCESS
1. mix sugar, flour, and alum in pan
2. add 1 cup water gradually, stirring vigorously
3. boil until clear and smooth, stirring
4. add remaining water, and oil of cinnamon
5. stir
6. spread with brush or tongue depressor

HINTS
- makes 1 pint or 2 cups (500 ml)
- stores for several months without refrigeration

La imaginación es más importante que el conocimiento,
ya que el conocimiento es limitado, mientras que la
imaginación abarca todo el mundo.

~ Albert Einstein

Imagination is more important than knowledge,
for knowledge is limited, whereas imagination
embraces the entire world.

~ Albert Einstein

Masa comestible
para realizar obras artísticas

Edible Art Dough

Capítulo 5

Las masas destinadas a elaborar piezas artísticas en este capítulo pudieran ser las favoritas para todas las edades. No sólo porque tienen buen sabor, sino también porque se modelan con gracia y facilidad. Desde las masas exploratorias, como la de masa de mantequilla de maní, a la altamente sofisticada masa de pan de jengibre para construcción, este capítulo será una delicia para el niño creativo e investigador.

Nota: Lávese las manos antes de trabajar con alimentos. Tenga presente la higiene cuando esté trabajando en grupo con alimentos, especialmente si los niños los van a comer.

Chapter 5

The art doughs in this chapter could be the favorites for all ages. Not only do they taste good, they also model beautifully and easily. From the exploratory doughs such as Peanut Butter Playdough to the highly sophisticated Gingerbread Architectural Dough, this chapter will be a delight for the creative, exploring child.

Note: Wash hands before working with food. Be aware of sanitation when working with food in a group, especially when children will be eating food prepared by others.

deliciosa, excelente masa para modelado

MATERIALES

5½ tazas (1 L + 375 ml) de harina
3 cucharitas (15 ml) de polvo de hornear
1¾ tazas (425 ml) de azúcar
¼ cucharita (1 ml) de sal
¼ taza (60 ml) de miel
1 cucharita (5 ml) de vainilla
3 cucharitas (15 ml) de limón o
  naranja rallada (opcional)
1 taza (250 ml) de mantequilla o margarina

½ taza (125 ml) de agua hirviendo
1 huevo, ligeramente batido
tazón grande, tazón pequeño
envoltura plástica
cuchara o batidora
bandeja para hornear galletas, engrasada
rejilla para enfriar

PROCESO

1. mezcle la harina y el polvo de hornear en el tazón grande
2. en otro tazón, mezcle el azúcar, la sal, la miel, la vainilla y la ralladura del limón
3. añada la mantequilla y el agua a la mezcla de azúcar y bata hasta que el azúcar esté disuelta
4. agregue gradualmente y revolviendo con las manos, la mezcla de harina hasta que esté dura
5. úsela inmediatamente
   sugerencia: cubra con la envoltura plástica y refrigere por dos días (o congele 3 a 6 meses), pero permita que la masa alcance la temperatura ambiente antes de darle forma
6. use moldes cortantes con la masa estirada que es ⅛″ a ¼″ de grosor (3 mm a 6 mm) o haga figuras a su gusto pinchando, enrollando o cortando la masa
7. póngalas con una separación de 1 pulgada sobre la bandeja para hornear galletas
8. pinte con huevo batido si lo desea
9. hornee a 300°F (150°C) por 20 a 30 minutos, o cuando las orillas estén doradas
10. deje enfriar durante 10 minutos en las bandejas, luego póngalas en las rejillas para terminar de enfriar (para guardar, envuelva las esculturas herméticamente y guárdelas a temperatura ambiente hasta por 2 semanas o congélelas)

Composiciones realizadas con moldes para cortar galletas –
- extienda y corte la masa
- disponga lo que ha cortado sobre láminas engrasadas
- combine las figuras y superponga sus bordes para crear imágenes decorativas
- hornee y deje enfriar

Decoración de figuras recortadas –
- extienda directamente sobre una bandeja para hornear si la figura es grande o sobre una tabla enharinada si es pequeña
- corte las figuras con el cortador de galletas o haga moldes de papel para copiar y cortar
- para usar como decoración, dé forma a pequeños pedazos de masa haciendo bolitas, puntos, pequeñas sogas o cualquier otra forma de su gusto
- presione los elementos decorativos sobre la base de galleta (no haga piezas de más de ¾″ de espesor) (2 cm)
- hornee y deje enfriar

masa artística comestible, horneada

Sculpture Cookie Dough

delicious, excellent modeling dough

MATERIALS
5½ cups (1 L + 375 ml) flour
3 t. (15 ml) baking soda
¼ t. (1 ml) salt
¼ cup (60 ml) honey
1 t. (5 ml) vanilla
3 t. (15 ml)grated lemon
   or orange peels (optional)
1 cup (250 ml) butter or margarine

½ cup (125 ml) boiling water
1¾ cups (425 ml) sugar
1 egg, lightly beaten
large bowl, small bowl
plastic wrap
spoon or mixer
cookie sheet, greased
cooling rack

PROCESS
1. in large bowl, combine flour and baking soda
2. in another bowl, combine sugar, salt, honey, vanilla, and lemon peel
3. add butter and water to sugar mixture and beat until sugar is dissolved
4. gradually stir in flour mixture until stiff, using hands
5. use immediately
   hint: cover with plastic wrap and refrigerate up to 2 days (or freeze for 3–6 months), but bring dough to room temperature before shaping
6. use cutters on rolled dough that is ⅛"–¼" thick (3mm-6mm) or make free form sculptures by pinching, rolling, or cutting dough
7. place 1" (3 cm) apart on cookie sheet
8. brush with beaten egg if desired
9. bake at 300°F (150°C) for 20–30 minutes, or golden at edges
10. cool 10 minutes on sheets, then move to cooling racks to finish cooling (to store, wrap sculptures airtight and store at room temperature for up to 2 weeks, or freeze)

Cookie cutter composites –
- roll out and cut dough
- arrange cutouts on greased sheets
- combine shapes and overlap edges to build decorative images
- bake and cool

Appliques on Cutouts –
- roll out directly on a greased baking sheet if large, or on a floured board for smaller
- cut out shapes with cutters, or make paper patterns to trace and cut
- for appliques shape small pieces of dough into dabs, dots, tiny ropes, or any free form
- press appliques onto the cookie base (do not build thicker than ¾") (2 cm)
- bake and cool

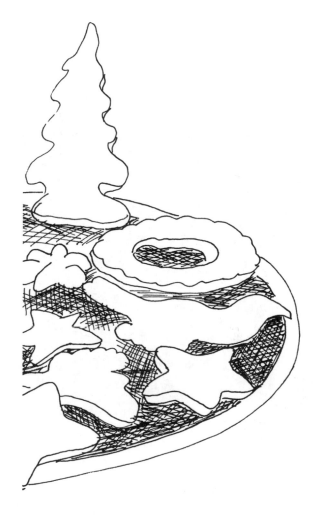

Galletitas pirulis/chupetas

permite hacer diseños creativos y libres

MATERIALES

tazón / mezcladora o batidora / bandejas para hornear galletas
palitos para helados o palillos para manualidades
surtido de caramelos para decorar (opcional)

bata –

¾ taza (180 ml) de azúcar, ¾ taza (180 ml) de azúcar morena
⅔ taza (225 ml) de manteca, ⅔ taza (225 ml) de mantequilla o margarina, suave

agregue y bata –

2 huevos, 2 cucharitas (10 ml) de vainilla

en otro tazón mezcle –

3½ tazas (875 ml) de harina
1 cucharita (5 ml) de sal, 2 cucharitas (10 ml) de polvo de hornear
4 cucharitas de especias para pastel de calabaza (o 1 cucharita (5 ml) de cada
    uno de los siguientes: pimienta inglesa, canela, jengibre y nuez moscada)

PROCESO

1. reúna la mezcla de la harina con la mezcla de mantequilla con manos o con mezcladora
2. cubra y refrigere de 1 a 2 horas
3. corte moldes para hacer las galletas con las formas que desee, usando carpetas
   viejas o cartón
   sugerencia: la parte más ancha debe tener de 5 a 6 pulgadas (12 cm a 15 cm)
4. trace las formas con los moldes y corte la masa con un cuchillo
   sugerencia: la masa no deberá ser más gruesa que ½" (1.5 cm)
5. con una espátula ancha, cambie las galletas a la bandeja sin engrasar
   sugerencia: deje un espacio de 2" (5 cm) entra cada pieza
6. inserte el palito de 1½" a 2" (4 cm a 5 cm) en la base de cada figura de galleta
7. hornee a 375°F (190°C) por entre 12 a 15 minutos, hasta que estén ligeramente doradas
8. colóquelas en las rejillas para enfriar –
   decore si lo desea cuando estén completamente frías

Glaseado de repostero –

• revuelva 2 tazas (500 ml) de azúcar de repostería
  con suficiente leche como para hacerla fácil de
  untar (unas 3 cucharadas (45 ml)).
• tiña con colorante para alimentos
• extienda sobre las galletas ya frías
• añada confites adicionales o frutas secas
  (vera página 122 el Nevado para construcción)

SUGERENCIAS

• piense en figuras para las
  festividades como búhos, gatos,
  campanas, estrellas, huevos,
  conejitos, corazones y flores

• recuerde que resulta maravilloso
  elaborar figuras a su gusto

masa artística comestible, horneada

Sculpture Cookie Pops

MATERIALS

enjoy free and creative designs

bowl / mixer / cookie sheets
popsicle sticks or craft sticks
assorted candy decorations (optional)

beat –
²/₃ cup (225 ml) shortening, ³/₄ cup (180 ml) sugar
²/₃ cup (225 ml) butter or margarine (soft), ³/₄ cup (180 ml) brown sugar

add and beat –
2 eggs, 2 t. (10 ml) vanilla

in another bowl mix –
3½ cups (875 ml) flour
1 t. (5 ml) salt, 2 t. (10 ml) baking powder
4 t. (20 ml) pumpkin pie spice (or 1 t. (5 ml) each allspice, cinnamon, ginger, & nutmeg)

PROCESS

1. mix flour mixture with butter mixture with hands or mixer
2. cover and refrigerate for 1–2 hours
3. cut free-form cookie patterns from heavy paper or old file folders
   hint: should be 5"–6" (12 cm–15 cm) wide at widest point
4. trace patterns and cut out dough with knife
   hint: no thicker than ½" (1.5 cm)
5. transfer cookies with wide spatula to ungreased sheet
   hint: space 2" (5 cm) apart
6. insert stick 1½"–2" (4 cm–5 cm) into base of each cookie sculpture
7. bake 375°F (190°C) for 12–15 minutes, until lightly browned
8. transfer to cooling racks; decorate if desired when completely cooled

Confectioners Icing –

- stir 2 cups (500 ml) confectioners sugar and enough milk to make spreadable (about 3 T. (45 ml))
- tint with food coloring
- spread on cooled cookies
- add additional candies or dried fruits (see p.123, Flow Icing)

HINTS

- think of holiday ideas such as owls, cats, bells, stars, eggs, bunnies, hearts, flowers
- remember that free-form designs are wonderful

113

edible art dough, baked

una cálida y deliciosa experiencia usando masa con levadura

MATERIALES

1 paquete de levadura
1½ tazas (375 ml) de agua tibia
1 cucharita (5 ml) de sal
1 cucharada (15 ml) de azúcar
4 tazas (1 L) de harina
1 huevo, batido
sal (opcional)
tazón grande
cuchara
bandeja para hornear galletas
pincel

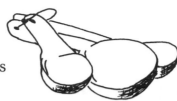

PROCESO

1. mida el agua tibia en un recipiente grande
2. espolvoree la levadura en el agua tibia hasta que quede disuelta
3. añada la sal, el azúcar y la harina
4. mezcle y amase la preparación con sus manos
5. extienda y enrosque dando la forma deseada
6. ponga en la bandeja para hornear galletas, engrasada
7. pinte con el huevo batido
8. espolvoree con sal (opcional)
9. hornee de 12 a 15 minutos a 350°F (180°C)

masa artística comestible, horneada

Pretzel Dough

a warm, delicious yeast dough experience

MATERIALS
1 packet yeast
1½ cups (375 ml) warm water
1 t. (5 ml) salt
1 T. (15 ml) sugar
4 cups flour
1 egg, beaten
salt (optional)
large bowl
spoon
cookie sheet
brush

PROCESS
1. measure warm water into large bowl
2. sprinkle yeast on water and stir until dissolved
3. add salt, sugar, flour
4. mix and knead dough with hands
5. roll and twist into any desired shapes
6. place on greased cookie sheet
7. brush with beaten egg
8. sprinkle with salt (optional)
9. bake 12–15 minutes at 350°F (180°C)

edible art dough, baked

Galletas para perritos

para personas y perros –
se obtienen 11 docenas de galletas
de 3" x 3/4" (9 cm x 2 cm)
o una variedad de otras formas

MATERIALES

tazón grande
tazón pequeño
rodillo de amasar
bandeja para hornear galleta
3½ tazas (875 ml) de harina
2 tazas (500 ml) de harina de centeno
1 taza (250 ml) de harina de maíz
2 tazas (500 ml) harina de trigo
integral

½ taza (125 ml) de leche instantánea
   descremada (en polvo)
4 cucharitas (20 ml) de sal
1 sobrecito de levadura seca activa
¼ taza (60ml) de agua muy tibia
2 a 3 tazas (500 a 750 ml) de caldo de
   pollo u otro líquido
1 huevo grande, batido con 1 cucharada
(15 ml) de leche

PROCESO

1. mezcle las harinas, el trigo integral, la harina de maíz, la leche en polvo
   y la sal en el tazón grande
2. espolvoree la levadura sobre el agua tibia y revuelva en el tazón pequeño
3. añada la levadura y las 2 tazas de caldo a los ingredientes secos
4. mezcle bien con las manos
   dato: la masa será muy dura
5. añada un poco más de caldo si fuera necesario
6. estire la masa sobre una superficie enharinada hasta lograr un espesor de
   ¼" (6 ml) y córtela con la forma deseada o modele la masa haciendo figuras
7. ponga sobre las bandejas para hornear galletas, sin engrasar
8. pinte con la mezcla de huevo y leche
9. hornee por 45 minutos a 300ºF (150º C)
10. apague el horno y deje las galletitas dentro del horno hasta el día siguiente

VARIACIONES

- use caldo enlatado o caldo en cubitos con sabor a pollo
- sustituya el agua por el caldo que queda al preparar vegetales
- haga regalos para su perro
- haga decoraciones para el árbol de Navidad de su mascota o para otra festividad
- envuelva como un regalo para su amigo especial (canino)

masa artística comestible, horneada

Doggie Biscuits

MATERIALS

large bowl
small bowl
rolling pin
cookie sheets
3½ cups (375 ml) flour
2 cups (500 ml) rye flour
1 cup (250 ml) corn meal
2 cups (500 ml) cracked wheat

½ cup (125 ml) instant nonfat dry milk (dry)
4 t. (20 ml) salt
1 envelope active dry yeast
¼ cup (60 ml) very warm water
2–3 cups (500–750 ml) chicken broth
   or other liquid
1 large egg, beaten with 1 T. (15 ml) milk

*for people and dogs –
makes 11 dozen 3" x ¾" (9 cm x 2 cm)
biscuits, or a variety of other shapes*

PROCESS

1. mix flours, cracked wheat, corn meal, dry milk and salt in large bowl
2. sprinkle yeast over warm water and stir in small bowl
3. add yeast and 2 cups (500 ml) of broth to dry ingredients
4. mix well with hands
   hint: dough will be very stiff
5. if necessary, add a little more broth
6. roll out dough on floured surface to ¼" (6 cm) thickness and
   cut into desired shapes or squeeze dough into shapes
7. place on ungreased sheets
8. brush with egg-milk mixture
9. bake 45 minutes at 300°F (150°C)
10. turn off oven and leave in oven overnight

VARIATIONS

• use canned broth or broth made from chicken flavored bouillon cubes
• substitute water left over from cooking vegetables
• make valentines or gifts for the dog
• make decorations for a pet Christmas tree or holiday branch
• wrap as gifts for your special friend (canine)

edible art dough, baked

Masa de pan jengibre para construcción

adecuada para construir casas y otros objetos tridimensionales – se obtienen 2 rectángulos de 14"x16" (35cm x 40cm) y de ¼" (6mm) de espesor o muchas piezas pequeñas

MATERIALES

tazón, cuchara, envoltura plástica, bandeja para hornear galletas, rejilla para enfriar, tabla

bata –
1½ taza (375 ml) de margarina o mantequilla (3 barritas), o manteca sólida
2½ tazas (625 ml)) de azúcar refinada o morena

mezcle –
1½ cucharitas (7 ml) de sal
1½ cucharitas (7 ml) polvo de hornear
7 cucharitas (35 ml) de jengibre molido
4 cucharitas (20 ml) de canela

2 cucharitas (10 ml) de clavo de olor molido
2 cucharitas (10 ml) de nuez moscada rallada
1 cucharita (5 ml) de cardamomo molido (opcional)

revuelva –
1½ tazas (360 ml) de melaza, oscura o clara
½ taza (125 ml) de agua

añada –
4 tazas (1 L) de harina, y mezcle

revuelva –
4 tazas (1 L) de harina más, una a la vez y mezcle

PROCESO

1. haga la masa
2. divida por la mitad, envuélvala con el plástico y refrigere o congele
3. extienda la masa a un espesor de ¼" (6 mm) sobre una tabla enharinada
4. corte con moldes o en figuras a su gusto
   sugerencia: para hacer una casa corte rectángulos de tamaños iguales, recordando cortar las ventanas, pero déjelas en su sitio, para removerlas después de hornear
5. enfríe los modelos sobre la bandeja para hornear galletas durante 10 minutos en el congelador o durante 15 minutos en el refrigerador
6. hornee a 350°F (180°C), durante 18 a 20 minutos para las paredes o durante 10 minutos para los diseños con otras formas
7. deje enfriar durante 1 minuto
8. transfiera a la rejilla metálica para enfriar
9. deje enfriar durante dos horas o toda la noche

VARIACIONES

para efectos y decoraciones especiales agregados hace –

masa liviana –
- sustituya jarabe de maíz ligero o miel por la melaza
- la masa será un poco más pegajosa, por lo que puede añadirse más harina

masa oscura –
- use melaza oscura y azúcar morena
- añada más clavo de olor
- hornee más tiempo

118

masa artística comestible, horneada

Gingerbread Architectural Dough

*suitable for building houses
and other three dimensional projects –
makes two 14"x16" (35cm x 40cm) rectangles
or many individual smaller projects*

MATERIALS
bowl, spoon, plastic wrap, cookie sheets, cooling rack, board

cream –
- 1½ cups (360 ml) margarine or butter (3 sticks), or solid shortening
- 2½ cups (625 ml) granulated or brown sugar

blend in –
- 1½ t. (7 ml) salt
- 1½ t. (7ml) baking soda
- 7 t. (35 ml) ground ginger
- 4 t. (20 ml) cinnamon
- 2 t. (10 ml) ground cloves
- 2 t. (10 ml) grated nutmeg
- 1 t. (5 ml) ground cardamom (optional)

stir in –
- 1½ cups (360 ml) molasses, dark or light
- ½ cups (125 ml) water

add –
- 4 cups (1 L) flour, mix

stir in –
- 4 more cups (1 L) flour, one cup (250 ml) at a time, and mix

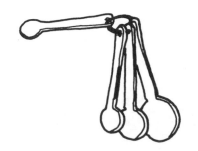

PROCESS
1. make dough
2. divide in half, wrap and chill or freeze
3. roll out dough on floured board, ¼" (6 mm) thick
4. cut patterns or make free-forms
   hint: to make a house, cut rectangles of uniform size, remembering to cut windows, but leave them intact to remove after baking
5. chill patterns on cookie sheet for 10 minutes in freezer or 15 minutes in refrigerator
6. bake at 350°F (180°C) 18–20 minutes for walls or 10 minutes for free form designs
7. cool 1 minute
8. transfer to wire cooling rack
9. cool two hours or overnight

VARIATIONS
for added special effects and decorations make –

lighter dough
- substitute light corn syrup or honey for molasses
- dough will be a little stickier, so extra flour may be added

darker dough
- use dark molasses and dark brown sugar
- add extra ground cloves
- bake longer

119

edible art dough, baked

Ensamblaje de casas

proceso bastante sofisticado para niños pequeños, pero que puede ser realizado exitosamente con la ayuda de un adulto

MATERIALES

frascos o latas de sopa
Nevado para construcción (página 122)
Masa de jengibre para construcción (página 118)
cuchara, espátula o manga para decorar tortas
área de trabajo cubierta

PROCESO

1. si cortó ventanas, quítelas ahora
2. coloque la pared de atrás y sujétela con las latas por ambos lados
3. glasee el borde posterior de una pared lateral, y presiónela contra la pared posterior, usando otra latita como apoyo
4. repita con la pared del otro lado
5. glasee los bordes de la pared frontal y colóquela presionándola en su posición, sujetándola con las latas
6. añada glaseado adicional para reforzar las uniones
7. deje secar durante toda la noche
8. remueva las latas
9. ponga una pieza del techo en su lugar soportando el borde con una lata
10. repita con la otra pieza de techo
11. rellene con glaseado a lo largo de la unión en la cumbrera del techo
12. deje secar durante 24 horas
13. decore con más glaseado y caramelos surtidos

VARIACIONES

- construya la casa hecha con masa de pan de jengibre sobre un cartón circular para pizza o una caja de cartón para pizza cubierta con papel de aluminio
- glasee y decore el "jardín" de la casa
- construya la chimenea y las cercas con cubos de azúcar (píntelos con colorante para alimentos y un pincel).
- añada pequeños personajes y adornos de madera para decorar
- vea las variaciones que se pueden hacer con el Nevado para construcción (página 122)

masa artística comestible, horneada

House Assembling

fairly sophisticated process for young children, but can be accomplished successfully with adult help

MATERIALS
jars or soup cans
architectural icing (p. 123)
architectural dough (p. 119)
spoon, spatula or decorating tube
covered work area

PROCESS
1. if windows were cut, remove them now
2. stand the back wall and support with soup cans on either side
3. ice back edge of one side wall, and press to the back wall using another can for support
4. repeat other side wall
5. ice edges of front wall, and press into position, supporting the wall with soup cans
6. add additional icing for support
7. let dry overnight
8. remove cans
9. place roof piece in position, and support edge with can
10. repeat for other roof piece
11. pipe icing across the peak of the roof
12. let dry 24 hours
13. decorate with more icing and assorted candy pieces

VARIATIONS
- build gingerbread house on a pizza cardboard circle or on a pizza box covered with foil
- ice and decorate the "yard" of the house
- build chimney and fences from sugar cubes (paint these with food coloring and brush)
- add little wooden characters and ornaments for decoration
- also see variations for Architectural Icing (p.123)

edible art dough, baked

Nevado para construcción

para usar con masa para construcción, como un pegamento comestible para construcciones – produce un acabado duro

MATERIALES

3 claras de huevo
½ cucharita (2 ml) de cremor tártaro
1 caja de azúcar de repostería cernida
½ cucharita (2 ml) de extracto
 de limón o naranja (opcional)

tazón
batidora eléctrica
cuchara
colorante para alimentos
manga para decorar tortas (opcional)
paño húmedo

PROCESO

1. mezcle primero todos los ingredientes a velocidad baja
2. luego, entre 5 y 8 minutos a velocidad alta, hasta que se formen picos con la cuchara *(con cuidado)*
 sugerencia: use utensilios y tazón no engrasados, de lo contrario el glaseado no formará picos
3. el glaseado se seca rápidamente, por lo tanto deberá mantenerlo cubierto con el paño húmedo mientras lo esté usando
4. llene la manga para decorar y arme la casa u otro proyecto (o use un cuchillo)

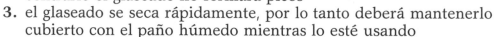

CAUTION

VARIACIONES

- pegue galletas cuadradas (galletas Graham) para construir las casas de galleta en vez de masa de pan de jengibre
- pegue cualquier galleta (casera o comprada) con glaseado para construcción para hacer esculturas de diseño desconocido
- pegue palitos de pan para hacer una cabaña de troncos
- combine piezas de diversas formas para obtener resultados especiales

Glaseado fluido –

- añada agua hasta que el glaseado para construcción esté ligeramente fluido
- compruebe la consistencia dejando caer unas pocas gotas sobre el mismo glaseado; éstas deberán integrarse lentamente

- *nota:* si se integran inmediatamente es porque el glaseado tiene muy poco cuerpo (añada azúcar cernida, un poco a la vez)
- úselo para llenar los contornos y decorar
- añada colorante para alimentos si lo desea

masa artística comestible, horneada

Architectural Icing

to use with Architectural Dough as an edible glue for building – has a hard finish

MATERIALS

3 egg whites
½ t. (2 ml) cream of tartar
1 box powdered sugar, sifted
½ t. (2 ml) lemon or orange
  extract (optional)

bowl
electric mixer
spoon
food coloring
decorating tube
damp cloth

PROCESS

1. mix all ingredients on low speed
2. then 5–8 minutes on high speed, until peaks form with spoon (caution) (CAUTION)
   hint: use grease-free utensils and bowl, otherwise icing will not peak
3. icing dries quickly, so keep covered with damp cloth while in use
4. fill decorating tube and assemble house or other project (or use a knife)

VARIATIONS

- join graham cracker squares instead of gingerbread dough to build cracker houses
- join any cookies (homemade or store bought) with architectural icing into sculptures of unknown design
- join breadsticks for log cabin
- join free form sculptures for a unique result

Flow or Covering Icing –

- add water until Architectural Icing is slightly thin
- check consistency by dropping a bit from a spoon on icing
- drop should blend in slowly
  hint: if it blends immediately, it is much too thin (add some sifted sugar, a tiny bit at a time)
- use to fill in outlines and decorate
- add food coloring if desired

123

edible art dough, baked

Masa para vitrales

algo complicada – se obtienen alrededor de diez grandes proyectos coloridos

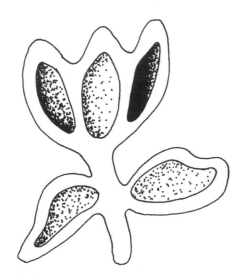

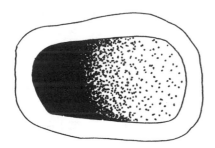

MATERIALES

1³/₄ tazas (425 ml) de harina de trigo integral
1 taza (250 ml) de harina de trigo para todo uso
1 cucharita (5 ml) de especias para pastel de calabaza
¹/₄ cucharita (1 ml) de sal
¹/₂ cucharita (2 ml) de polvo de hornear
¹/₂ taza (125 ml) de margarina o mantequilla
1 taza (250 ml) de azúcar morena
1 huevo

¹/₂ cucharita (2 ml) de vainilla
¹/₂ taza (125 ml) de crema agria
3 onzas (85 g) de caramelo duro amarillo o rojo, machacado
tazón
batidora eléctrica
bandeja para hornear cubierta con papel de aluminio
tabla

PROCESO

1. mezcle las harinas, las especias, el polvo de hornear y la sal
2. bata en el tazón la margarina a velocidad media o hasta que esté blanda *(con cuidado)*
3. añada el azúcar y bata hasta que esponje
4. añada la vainilla y el huevo y bata
5. añada la mezcla de harina y la crema agria alternativamente, batiendo bien
6. divida la masa en dos, cúbrala y refrigere por 2 horas
7. extienda sobre la tabla enharinada la mitad de la masa con un grosor de ¹/₈″ (3 mm)
8. corte cualquier forma hasta de 6–8″ (15 –20 cm)
   sugerencia: use los sobrantes para hacer las formas más pequeñas para decoraciones, como narices, cejas, hojas, etc.
   sugerencia: hágale huecos y rellénelos con los caramelos triturados
9. hornéelas de 6 a 8 minutos a 350°F (180°C) hasta que se doren los bordes
10. déjelas enfriar en la bandeja durante 10 minutos
11. retírelas del papel de aluminio y déjelas enfriar
12. guárdelas en un recipiente hermético o cómalas
    dato: se obtienen unas 10 esculturas de galletas grandes

VARIACIONES

- haga ventanas de vidrio de color
  sugerencia: tenga cuidado de no hacer áreas de masa demasiado estrechas
- haga faroles, ornamentos festivos y graciosas caras de payaso
- póngale glaseado o nevado si lo desea

masa artística comestible, horneada

Stained Glass Dough

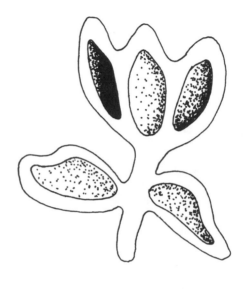

MATERIALS

1¾ cups (425 ml) whole wheat flour
1 cup (250 ml) all-purpose flour
1 t. (5 ml) pumpkin pie spice
¼ t. (1 ml) salt
½ t. (2 ml) baking soda
½ cup (125 ml) margarine or butter
1 cup (250 ml) packed brown sugar
1 egg

½ t. (2 ml) vanilla
½ cup (125 ml) sour cream
3 ounces (85 g) hard candy, crushed:
    yellow or red
bowl
mixer (electric, with supervision)
foil covered baking sheet
board

fairly involved – makes about ten large colorful projects

PROCESS

1. combine flours, spice, baking soda, and salt
2. in a separate bowl, beat margarine or butter (CAUTION) on medium until softened *(use caution)*
3. add sugar to margarine or butter and beat until fluffy
4. add vanilla and egg to butter-sugar, and beat
5. add flour mixture and sour cream alternately, beating well
6. halve dough, cover, and chill 2 hours
7. on floured board, roll half of the dough ⅛" (3 mm) thick
8. cut out any shapes up to 6"–8" (15 cm–20 cm)
   hint: add smaller shapes for decorations such as noses, eyebrows, leaves, and so on from scraps (applique)
   hint: cut out holes and fill with crushed hard candy
9. bake 6–8 minutes at 350°F (180°C) until edges are brown
10. cool on sheet 10 minutes
11. peel off foil, cool
12. store in airtight container or eat
    hint: makes about 10 large cookie sculptures

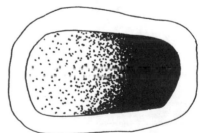

VARIATIONS

- make stained glass windows
  hint: be careful not to make dough areas too narrow
- make jack-o-lanterns, holiday ornaments, funny clown faces
- frost with icing, if desired

Masa de mantequilla de maní

la mejor masa comestible para los artistas más pequeños

MATERIALES
¹/₂ taza (125 ml) de mantequilla de maní
¹/₂ taza (125 ml) de leche descremada en polvo
²/₃ cucharada (12 ml) de miel (opcional)

PROCESO
1. mezcle partes iguales de mantequilla de maní y de leche en polvo
2. añada miel (opcional)
3. amase y mezcle hasta obtener una consistencia parecida a una masa
4. modele y experimente como la haría con cualquier otra masa

DATOS
- se conserva bien en un recipiente cubierto en el refrigerador
- comestible
- no endurece bien

VARIACION
- **mezcle –**
  1 parte de mantequilla de maní
  1 parte de leche descremada en polvo
  1 cucharada (15 ml) de miel por cada taza de mezcla (opcional)
- use mantequilla de maní del crujido

masa artística comestible, sin hornear

Peanut Butter Play Dough

MATERIALS

best edible dough for very young artists

1/2 cup (125 ml) creamy peanut butter
1/2 cup (125 ml) non-fat dry milk
2/3 T. (12 ml) honey (optional)

PROCESS

1. mix equal parts of peanut butter and dry milk
2. add honey, optional
3. knead and mix until a good dough-like consistency
4. model and experiment as any playdough

HINTS

- keeps well in covered
  container in refrigerator
- edible
- will not harden

VARIATIONES

- mix –
  1 part peanut butter
  1 part non-fat dry milk
  1 T. (15 ml) for each cup of mixture
- try crunchy peanut butter

edible art dough, unbaked

Masa para el nevado

una masa dulce y fácil de hacer,
la favorita de muchos

MATERIALES
1 lata de mezcla para hacer nevado*
1½ tazas (375 ml) de azúcar de repostería cernida
1 taza (250 ml) de mantequilla de maní
cuchara
tazón

PROCESO
1. mezcle todos los ingredientes en el tazón con una cuchara
2. amase hasta lograr una masa maleable
3. modele como lo haría con cualquier otra masa

*En EE.UU. (USA), *canned frosting*

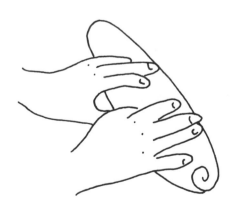

masa artística comestible, sin hornear

Frosting Dough

MATERIALS
1 can of prepared frosting
1½ cups (375 ml) powdered sugar (confectioners sugar)
1 cup (250 ml) peanut butter
spoon
bowl

sweet, easy dough –
a favorite!

PROCESS
1. mix all ingredients in bowl with spoon
2. knead into workable dough
3. model as with any dough

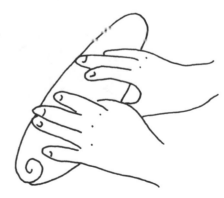

edible art dough, unbaked

Puré de papas

¿quién puede resistirse a un volcán?

MATERIALES
papas
pelador
cuchillo
cacerola, agua
machacador de papas

PROCESO
1. pele y corte las papas en dados con el cuchillo
2. cocine a fuego moderado en la cacerola con agua
   hasta que estén suaves
3. escurra
4. machaque vigorosamente para hacer puré
5. modele y experimente con el puré de papas

VARIACIONES
- arte comestible – añada otros artículos comestibles como carne de
  hamburguesa ya cocida, rodajas de zanahorias, pedazos de queso, rodajas
  de cebollín
- forme un volcán y agréguele líquido (mantequilla fundida) para que fluya
  como lava (*¡un volcán!*)
- agregue algunas gotas de colorante para alimentos a pequeños
  montoncitos, juegue y mezcle los colores

masa artística comestible, cocinar - sin hornear

Mashed Potatoes

MATERIALS
potatoes
peeler
knife
pot, water
masher

who can resist a volcano?

PROCESS
1. peel and dice potatoes with knife
2. cook over medium heat in a pot with water until soft
3. drain
4. mash vigorously
5. model and explore mashed potatoes

VARIATIONS
- edible art – add other edible items such as ground cooked hamburger, slices of carrots, pieces of cheese, slices of green onions
- add a liquid like gravy or melted butter to a sculpture specially designed for flowing lava (the volcano!)
- drop food coloring into small piles and squish and mix colors

edible art dough, cooked - unbaked

El arte no es una cosa, es un camino.

~ *Albert Hubbard*

Art is not a thing, it is a way.

~ *Albert Hubbard*

Mezclas para modelado y más

Capítulo 6

Desde el Creaciones con barro hasta el Modelado con arcilla, la variedad de mezclas poco comunes que se encuentran a continuación deleitará a personas de todas las edades. Siéntase libre de experimentar con los ingredientes y sus resultados a medida que explora las actividades artísticas contenidas en este capítulo.

Modeling Mixtures & More

Chapter 6

From Mudworks to Clay Modeling, the variety of the following unusual modeling compounds will delight all ages. As you explore the art experiences in this chapter, feel free to experiment in your own way with your own choices of ingredients and results.

Creaciones con barro

*aunque involucra desorden,
es una experiencia de arte fundamental*

MATERIALES

barro (tierra y agua)
área de trabajo exterior
balde o manguera
pala o pala de jardinería

PROCESO

1. encuentre un área en el patio o zona de recreo en donde la tierra
   sea buena, con pocas piedras, palitos u hojas
   dato: las áreas de jardín son buenas
2. afloje un área con una pala adecuada para trabajar,
   unos 3 x 3 pies (1 m x 1 m)
3. añada agua con la manguera o balde si la tierra estuviera muy seca
4. mezcla con las manos, la pala o con otras herramientas
5. disfrute creando pasteles de barro, torticas y otras figuras
6. deje secar sobre bandejas para hornear galletas, madera
   contraenchapada u otra superficie

limpieza:
enjuague lo más embarrado con la manguera, luego lave con
agua y jabón en el fregadero

VARIACIONES

- lleve tierra limpia al interior en una palangana plástica, añada agua hasta
  que parezca arcilla, cree y experimente
- llene la mesita arenera con tierra, añada agua y experimente
- decore con "azúcar" (arena), pasto cortado, hojas trituradas o piedritas

limpieza:
lávese el barro de las manos y brazos en un balde con agua tibia; luego,
lávese con jabón y agua en el lavamanos como de costumbre

messy hands but basic art experience

MATERIALS
mud (dirt and water)
outdoor work area
bucket or hose
spade or shovel

PROCESS
1. find an area in the yard or playground that has good dirt
   with few rocks, sticks, and leaves
   hint: garden areas are good
2. loosen an area suitable for working with a shovel or spade
   about 3' x 3' (1 m x 1 m)
3. add water from a hose or bucket if too dry
4. mix with hands and spade or other tools
5. enjoy creating mudpies, patties, and other shapes
6. dry on cookie sheets, plywood, or other surface

cleanup:
rinse away heavy mud with hose,
then wash with soap and water in sink

VARIATIONS
- bring clean dirt indoors in a plastic laundry tub, then add water until clay-
  like, and create and explore
- fill sand-table with dirt, then add water and explore
- decorate with "sugar" (sand), chopped grass, crushed leaves, or pebbles

cleanup:
loosen heavy mud from hands and arms in bucket of warm water, then
wash with soap and water in sink as usual

135

modeling mixtures

experiencia artística maravillosa de muy bajo costo

MATERIALES

arena
agua
balde o manguera
área de trabajo

PROCESO

1. haga una visita a la playa o a la orilla de un río
2. busque arena húmeda
   sugerencia: si hay marea alta, añada agua a un área de arena seca y mezcle con las manos hasta que la arena quede compacta
3. explore y cree

VARIACIONES

- añada cubos, envases y otras herramientas para hacer figuras y dibujos
- trabaje en su casa en una tina grande o en una mesita arenera
- haga un castillo
- esculpa animales, muñequitos, o personajes
- diseñe cualquier cosa, como juguetes favoritos, símbolos de festividades, mapas, autos o botes, paisajes o historias

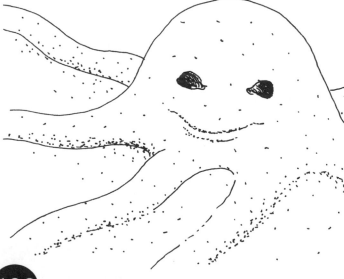

inexpensive, wonderful art experience

MATERIALS
sand
water
bucket or hose
work area

PROCESS
1. visit the beach or river shore
2. find wet sand
   hint: if tide is in, add water to an area of dry sand and mix with hands
   until sand holds together somewhat
3. explore and create

VARIATIONS
- add buckets, containers, and other tools to build shapes and scratch designs
- work indoors in a large tub or sand table
- build a castle
- sculpt animals, creatures, or characters
- sculpt anything, such as favorite toys, holiday symbols, maps, cars or boats, scenes, or stories

Masilla nutty putty

elabore su propia masilla

MATERIALES

2 cucharitas (10 ml) de Bórax™
1/3 taza (75 ml) de agua
2 tazas (500 ml) de pegamento
   (regular, no el que se utiliza en la escuela)
1 3/4 tazas (425 ml) de agua adicional
2 tazones
cuchara de madera
colorante para alimentos
huevo de plástico,
recipiente con tapa de rosca o bolsa plástica con cierre hermético

PROCESO

1. mezcle el Bórax y un 1/3 de taza (75 ml) de agua en el tazón; disuelva bien; deje a un lado
2. mezcle el pegamento y 1 3/4 (425 ml) taza de agua en el otro tazón
3. añada unas pocas gotas de colorante para alimentos si lo desea; mezcle bien
4. añada la mezcla de bórax a la de pegamento; como por arte de magia, la mezcla formará una masa delante de sus ojos
5. amásela (sin prestarle atención al exceso de agua)
6. úsela para hacer pelotas, para copiar imágenes de las tiras cómicas o de diarios y para hacer juegos creativos como con la Silly Putty comercial

DATOS Y SUGERENCIAS

- guarde la masilla en una bolsa grande con cierre hermético (sacándole el aire)
- guarde la masila en un huevo de plástico para hacer regalos o para jugar con ella
- puede durar entre 2 y 3 semanas (o hasta que la "fragancia" indique que hay que hacer una nueva preparación)
- puede hacer la mitad o el doble de la receta

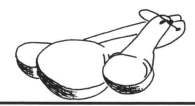

Nutty Putty

make your own Silly Putty™

MATERIALS
2 t. (10 ml) Borax™
1/3 cup (75 ml) water
2 cups (500 ml) regular white glue (not school glue)
additional 1 3/4 cups (425 ml) water
2 bowls
wooden spoon
food coloring
plastic egg
container with snap on top
plastic bag (ziplock)

PROCESS
1. in one bowl, mix the Borax and 1/3 cup (75 ml) water
2. let the Borax dissolve completely; set this bowl aside
3. in a second bowl, mix the glue and 1 3/4 cup (425 ml) water
4. add a few drops of food coloring, if desired; stir well
5. add the Borax-water mixture to the glue-water mixture and see the mixture clump together like magic
6. knead (ignore excess water)
7. use for bouncing, lifting pictures from comics, and creative play just like commercial Silly Putty

HINTS
- store putty in a large ziplock plastic bag (air released)
- store putty in a plastic egg for fun or gift
- putty lasts about 2–3 weeks (or until "fragrance" indicates that it is time to make a new batch)
- recipe can be cut in half for a small batch, or doubled for a larger batch

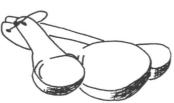

modeling mixtures

Gelatina plástica

¿se tratará de un plástico artificial?

MATERIALES

1 sobre de gelatina sin sabor
3 cucharadas de agua
algunas gotas de colorante para alimentos
cacerola y agarradera
cuchara
tapa plástica de lata de café o de cualquier otro recipiente
tijeras, abrehuecos para papel, aguja, hilo (opcional)

PROCESO

1. cocine la gelatina con el agua y el colorante
   para alimentos a fuego medio en la cacerola
2. revuelva constantemente hasta que se disuelva
3. remueva del fuego
4. vierta la mezcla dentro de la tapa de lata de café
   sugerencia: empuje las burbujas hacia el borde
5. deje secar entre 1 y 2 días, hasta que endurezca
6. remueva cuando los bordes estén duros y afilados
7. corte con tijeras para hacer un anillo, uña de guitarra,
   fichas de *tiddlywinks*, fichas de póker o joyas

VARIACIONES

- para hacer lentejuelas, corte pequeños círculos
  de plástico y enhebre con un hilo
- haga vajillas para muñecas y ositos
- coloree con marcador indeleble para hacer vidrios teñidos
- enhebre y cuelgue en las ventanas

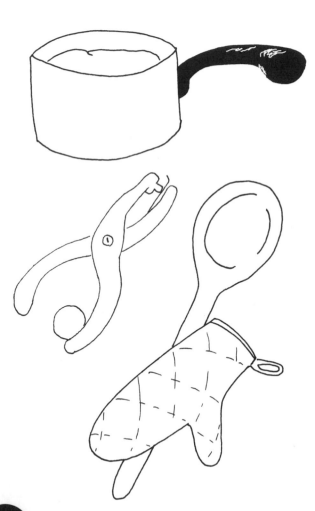

mezclas para modelado

Plastic Jelly

can you tell it's artificial plastic?

MATERIALS

1 envelope unflavored gelatin
3 T. (45 ml) water
few drops food coloring
saucepan and potholder
spoon
plastic coffee can lid, or other container lid
scissors, paper punch, needle, thread (optional)

PROCESS

1. in pan over medium heat, cook gelatin, water and food coloring
2. stir constantly until dissolved
3. remove from heat
4. pour mixture into a coffee can lid
   hint: push any bubbles to the edge
5. let dry 1–2 days until hard
6. lift when edges are hard and sharp
7. cut with scissors to make a ring, a guitar pick, tiddlywinks, poker chips or jewelry

VARIATIONS

- to make sequins,
  punch out tiny rounds of plastic and string on thread
- make dishes for dolls and teddy bears
- color with permanent pen to make stained glass
- thread and hang in windows

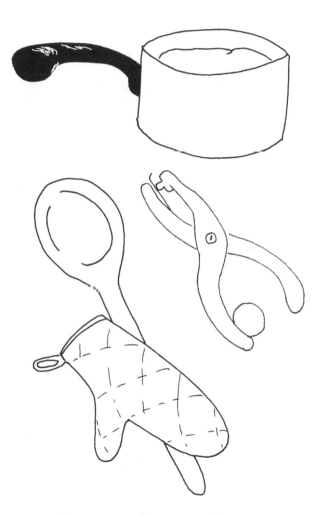

141

Tiza para dibujar en las aceras

*funciona muy bien sobre la acera,
pero no sobre los pizarrones*

MATERIALES
6 cáscaras de huevo
1 cucharita (5 ml) de harina
1 cucharita (5 ml) de agua de grifo muy caliente
piedra lisa, limpia
2 platos
cuchara
tira de toalla de papel
acera o área de juego

PROCESO
1. lave y seque las cáscaras de huevo
2. muélalas afuera sobre el cemento limpio
   y liso con una piedra lisa
3. muela hasta que queden hechas polvo
4. recoja el polvo con las manos y póngalo en un plato
5. saque los pedazos grandes de cáscara y tírelos
6. ponga la harina y el agua caliente en otro plato
7. añada 1 cucharada (15 ml) del polvo de cáscara
8. mezcle y machaque hasta que los elementos se adhieran entre sí
9. dele forma de barra de tiza, presionándola firmemente
10. enrolle firmemente con la tira de toalla de papel
11. deje secar por 3 días hasta que se ponga dura como una piedra
12. escriba con la tiza (borre con el zapato)

Sidewalk Chalk

MATERIALS
6 eggshells
1 t. (5 ml) flour
1 t. (5 ml) very hot tap water
clean, smooth rock
2 dishes
spoon
strip of paper towel
sidewalk or playground

*works very well on sidewalks,
but not on chalkboards*

PROCESS
1. wash and dry eggshells
2. grind them outside on clean,
   smooth concrete with a smooth rock
3. grind until you have a powder
4. sweep up powder with hands and put into a dish
5. pick out any big shell pieces and throw them away
6. measure flour and hot water into another dish
7. add 1 T. (15 ml) of the eggshell powder
8. mix and mash until it sticks together
9. shape and press firmly into a chalk stick shape
10. roll stick up tight in strip of paper towel
11. dry for 3 days until rock hard
12. write with chalk (erase with shoe)

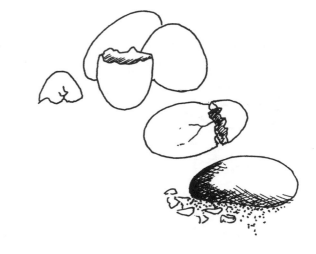

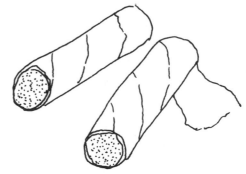

143

Goop

*maravilloso medio para experimentar –
haga pequeñas o grandes cantidades*

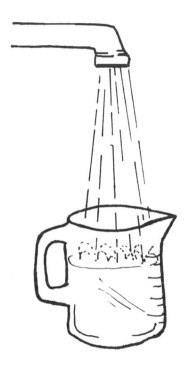

MATERIALES
una parte de almidón de maíz, una parte de agua
  (½ taza [125 ml] de almidón de maíz, ½ taza [125 ml] de agua)
colorante para alimentos o pintura témpera (opcional)
bandejas para hornear galletas o bandejas, o tina grande
recipientes, cucharas

PROCESO
1. mezcle el almidón de maíz con el agua y el color opcional
2. vierta la mezcla en la bandeja o en un tazón grande
3. experimente y disfrute de las propiedades de esta mezcla única
4. continúe usando *Goop* repetidas veces

VARIACIONES
- agregue añadiendo más almidón de maíz y observe, experimente
- añada más agua y observe, experimente
- haga Goop en un recipiente grande para vivir una experiencia grupal

Goop

wonderful exploratory medium –
make small or large batches

MATERIALS
  one part cornstarch and one part water
  (¹⁄₂ cup [125 ml] cornstarch, ¹⁄₂ cup [125 ml] water)
  food coloring or tempera (optional)
  cookie sheets or trays, or large plastic tub
  variety of bowls, spoons

PROCESS
  1. mix cornstarch with water, and optional color
  2. pour mixture onto a tray, or make in a large bowl
  3. experience and enjoy this unique mixture's properties
  4. keep reusing Goop

VARIATIONS
  • try adding more cornstarch and observe, experiment
  • try adding more water and observe, experiment
  • make Goop in a large water table as a group experience

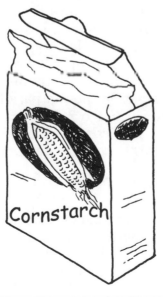

Cornstarch

Creaciones de jabón

muy fácil de tallar

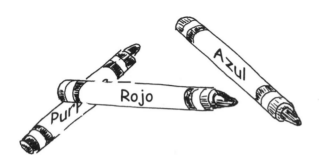

MATERIALES

4 cucharadas (60 ml) de jabón de tocador
  cortado en trocitos muy pequeños
3 cucharadas (45 ml) de agua
2 cucharadas (30 ml) de creyones cortados
  en trocitos muy pequeños o rallados
cuchillo
cacerola vieja
cuchara vieja
papel encerado
herramientas para tallar –
  clavo
  cuchillo
  horquilla para el cabello

PROCESO

1. mezcle el jabón y el agua en la cacerola a fuego lento
   sugerencia: si el jabón es perfumado, abra la ventana
2. cocine y revuelva hasta que el jabón esté derretido y sin agua
3. añada la ralladura de creyones
4. cocine y revuelva hasta que todo esté completamente disuelto
5. raspe la mezcla sobre el papel encerado y deje enfriar
   sugerencia: limpie la cacerola y la cuchara inmediatamente
   (resultan difíciles de limpiar cuando se enfrían)
6. presione la mezcla para hacer 2 ó 3 formas de piedra y pelotas
7. deje secar 1 o 2 días
8. talle su piedra de jabón con un cuchillo pequeño u otra herramienta
   (clavo, horquilla, destornillador, etc.) (*con cuidado*)

VARIACIONES

hacer –
- se pueden hacer animales de cera
- joyas para un cofre de tesoros
- figuras de días festivos
- botes y otras figuras

Soap Stone Carving

MATERIALS

very easy to carve

4 T. (60 ml) very finely chopped bar of soap
3 T. (45 ml) water
2 T. (30 ml) very finely chopped or grated crayon
knife
old pan
old spoon
wax paper
carving tools –
  nail
  knife   (CAUTION)
  hairpin

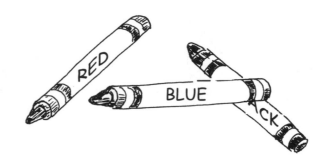

PROCESS

1. mix soap and water in a pan over low heat
   hint: if soap is perfumed, open a window
2. cook and stir until soap is melted and water is gone
3. add crayon gratings
4. cook and stir until they melt completely
5. scrape mixture onto wax paper and cool
   hint: clean pan and spoon right away
   (difficult to clean when cool)
6. press mixture into 2 or 3 stone shapes or balls
7. let dry 1 or 2 days
8. carve your soap stone with a small knife
   or other tool (nail, hairpin, screwdriver, etc.) *(caution)* (CAUTION)

VARIATIONS

make –
- wax animals
- jewels for a treasure chest
- holiday shapes
- boats
- other shapes

Experiencia básica de
modelado con arcilla

*no hay nada como la sensación
de una verdadera arcilla*

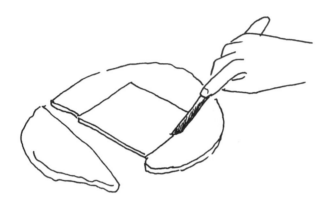

MATERIALES

arcilla comercial a base de agua
tablero o mesa cubierta con un trozo de hule

PROCESO

1. apriete o aplaste la arcilla para formar objetos
2. trate de hacer las figuras halando la arcilla, en vez de unir las partes
3. permita que la pieza se seque a temperatura ambiente

VARIACIONES

- use una herramienta de modelado para tallar la pieza
- enrolle tiras y forme una vasija o un recipiente
- extienda un pedazo de la arcilla y corte
- corte piezas cuadradas y decórelas

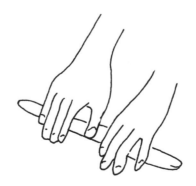

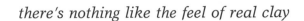

3+

MATERIALS

there's nothing like the feel of real clay

commercial water based clay
work surface board or table covered with oil cloth

PROCESS

1. squeeze or push clay to form objects
2. work towards pulling parts out from the clay, rather than trying to stick separate parts on
3. allow piece to dry at room temperature

VARIATIONS

- use a modeling tool to carve away piece
- roll coils and build a pot or bowl
- roll clay flat and cut
- cut square tiles and decorate

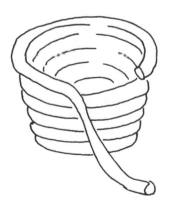

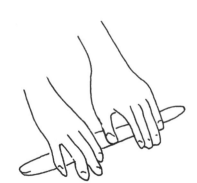

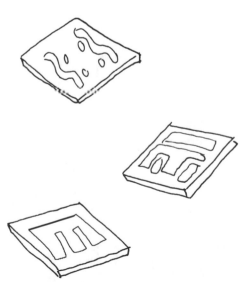

149

Arcilla húmeda

técnicas más avanzadas de arcilla

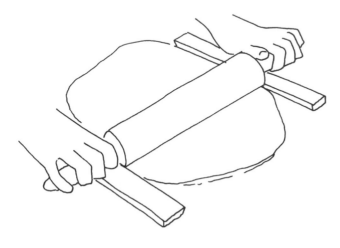

MATERIALES

5 libras (2.25 kg) de arcilla comprada en una tienda de artículos de arte
(no compre arcilla a base de aceite)
papel de periódico, mantel plástico o hule para cubrir la mesa
tablero de madera o cartón para trabajar sobre él
envoltura plástica o tela para conservar la arcilla húmeda mientras no se usa
ropa de trabajo

opcional –
herramientas, como palitos para manualidades, rodillo, cuchillo,
horquilla para el cabello, martillo, blocs
pintura para objetos secos

para conservar –
cera líquida, goma laca, barniz transparente o esmalte de uñas transparente

PROCESO

1. experimente exprimiendo, enrollando y aplastando
   nota: siempre trate de hacer los objetos de arcilla de una sola pieza para que las partes
   no se caigan cuando se sequen
2. humedezca los dedos y suavice la arcilla o pásele una esponja húmeda
3. deje que la pieza se seque a temperatura ambiente

Acabado –

1. deje secar
2. sumerja en cera líquida, pinte con goma laca, barniz, rocíe con acrílico transparente
   o use esmalte para uñas

Horneado –

1. los objetos de arcilla deben secarse despacio para evitar que se agrieten
   definición: sin hornear
   sugerencia: los objetos sin hornear pueden envolverse con un paño húmedo
   para hacer más lento el proceso de secado
2. hornee a una temperatura de por lo menos 1500°F (815°C) en un horno
   refractario (*con cuidado*) ⊛ CAUTION
   sugerencia: trabaje con alguien que esté familiarizado con este tipo de horneado
3. el barniz puede aplicarse a la arcilla horneada una vez
   definición: bizcocho
   sugerencia: aplique el barniz con una brocha, en spray o por inmersión
4. si no se consigue un horno refractario, los objetos sin hornear pueden acabarse
   encerándolos, pintándolos con esmalte, goma laca, barniz o con témpera
   sugerencia: si usa témpera, proteja con acrílico en spray, barniz o goma laca

DATOS Y SUGERENCIAS

- la arcilla húmeda puede ponerse mohosa
  o rancia si se guarda por mucho tiempo
  húmeda en un recipiente cubierto
- guárdela en dos bolsas plásticas,
  una dentro de la otra
- guárdela en un lugar fresco (pudiera
  ser en una lata galvanizada de basura)
- si la arcilla se vuelve muy húmeda,
  extiéndala para que se seque sobre
  una superficie absorbente, como en
  una tabla cubierta con un paño
- si la arcilla se seca demasiado,
  rómpala, aplástela y remójela en agua
  por uno o dos días (sáquele el exceso
  de agua y trátela como una arcilla
  muy húmeda)

Moist Clay

MATERIALS
5 pounds (2.25 kg) clay from art supply store (do not buy oil base clay)
newspaper, plastic covering, or oilcloth to cover table
wooden board or cardboard to work on
plastic wrap or other cloth to keep clay moist while not using
work clothes
optional –
tools such as craft stick, rolling pin, knife, hairpin,
hammer, blocks
paint for dry objects
to preserve –
liquid wax, shellac, clear varnish, or colorless nail polish

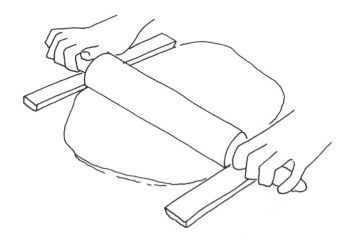

PROCESS
1. squeeze, roll, flatten, allowing for exploring
   note: always try to make a clay object from one
   piece so parts won't fall off when they dry
2. wet fingers and smooth clay or brush damp sponge over it
3. allow piece to dry at room temperature

To finish –
1. dry
2. dip in liquid wax, paint with shellac, varnish,
   spray with clear acrylic, or use nail polish

To fire –
1. clay objects should dry slowly to prevent cracking
   definition: greenware
   hint: greenware may be wrapped with a damp cloth
   to slow the drying process
2. fire to a temperature of at least 1500°F (815°C) in a kiln *(caution)* **CAUTION**
   hint: work with someone who is familiar with the kiln process
3. glaze can be applied to the fired-once clay
   definition: bisque
   hint: apply glaze with brush, spray, or by dipping
4. if no kiln is available, greenware can be finished by waxing, painting
   with enamel, shellac, or varnish, or with tempera paint
   hint: if tempera paint is used, protect with plastic spray, varnish, or shellac

HINTS
- moist clay may become moldy or
  rancid if kept too long while wet
  in a covered container
- store in two plastic bags,
  one inside the other
- store in cool place
  (galvanized garbage can helps)
- if clay becomes too wet, spread it
  out to dry on an absorbent surface,
  such as a cloth covered board
- if clay becomes too dry, break it up,
  smash it, and soak it in a water for one
  or two days (pour off extra water and
  treat as clay which is too wet)

151

Guía materiales utilizados

Capítulo 7

El arte es el hijo de la Naturaleza; sí
Su hijo querido, en quién trazamos
los rasgos del rostro de la madre,
su aspecto y su actitud.

~ Henry Wadsworth Longfellow

Resource Guide

Chapter 7

Art is the child of Nature; yes
Her darling child, in whom we trace
The features of the mother's face,
Her aspect and her attitude.

~ Henry Wadsworth Longfellow

TÉMPERA PINTURA ~ TEMPERA PAINT

ROJO

guía de materiales utilizados / resource guide

Arcillas comerciales

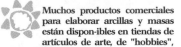

Muchos productos comerciales para elaborar arcillas y masas están dispon-ibles en tiendas de artículos de arte, de "hobbies", en jugueterías y en tiendas de artículos escolares. Estos productos pueden ayudar en la experiencia artística de su hijo, pero su uso de ninguna manera es obligatorio. Se trata tan sólo de un recurso que se le brinda para evaluar otras alternativas a las actividades ya presentadas en *Mudworks*.

BEESWAX (CERA DE ABEJAS)

Para modelado, viene en variados colores, además del beige natural, tiene un agradable aroma a miel, material especial, muy flexible y noble, no se reseca, no puede hornearse. (sugerencia: caliéntese las manos para que la cera se suavice más rápido).
www.actira-products.com
www.waxhouse.com
www.silvercityapiaries.com

CELLUCLAY™

No tóxica, no necesita cocción, fácil de mezclar, se moldea rápidamente, produce un papel maché instantáneo, buena para hacer figurillas, joyas, mapas en relieve, modelos, disponibles en bloques de 1, 5, 12 y 24 libras (0.45, 2.25, 5.40, 11 kg).
Activa Products, Inc.
www.sculpt.com

CLAYOLA™

Material parecido a la arcilla, no tóxico, no endurece, variedad de colores, caja de 1 libra (.45 kg), un color por caja.
Binney & Smith
www.crayola.com

CLAYTIME™

Para edades de 3 años, suave, flexible, no tóxico, viene con arcilla, moldes, y herramientas.
Ideaplastos, Inc.
www.ideaplastos.com

DARWI™

Compuesto para modelado, listo para usar, secado al aire, humedezca a medida que la use y alise con el dedo mojado, también están disponibles pinturas y barnices Darwi. 1 libra (.45 kg.)
www.polymerdaymall.com

DAS PRONTO & TERRACOTTA™

Secado al aire, deje secar y decore, pinte o barnice, se guarda en bolsa plástica, disponible en "kits" de dinosaurio y de esculturas para principiantes, a la venta en paquetes de 2 libras (.90 kg) y otras cantidades.
www.inzart.com/daspronto.shtml

DENTAL WAX (CERA DENTAL)

Modele y experimente, caja láminas de 3" x 5"x 1/16" (7.5 cm x 12.5cm x 1.5 cm), 1 libra (.45 kg).
Aluwax Dental Products
www.aluwaxdental.com

FIMO™

Arcilla para modelar cn colores brillantes, endurece en horno a 275°F (140°C), cubra con laca Fimo cuando enfríe y deje secar.
www.polymerclayexpress.com
www.fimozone.com

FRIENDLY PLASTIC™

Endurece, puede volverse a fundir – añada los gránulos a agua hirviendo, escurra, dele forma con las manos, presione, moldee o use herramientas, endurece a medida que se enfría, para decorar, use encarcha o plumas mientras está suave, o pinte cuando endurezca, puede refundirse y reusarse, 4 onzas (113 g) de gránulos coloreados.
American Art Clay Co.
www.amceco.com

GALT NEWDAY MODELING SET™

Herramientas y arcilla en una cubeta, también disponible como: Instant Papier-Mâché Set. Adecuado para niños de 7 años de edad o más, mezcle el adhesivo, seca con un acabado duro, incluye tazón, cuchara y herramientas.
James Galt & Company Ltd.
www.galttoys.com

INSTANT PAPIER-MÂCHÉ SET™

Para 7 años de edad o más, mezcle adhesivo, seca para un acabado duro, incluye recipiente, cuchara, y herramientas.
James Galt & Company Ltd.
www.galttoys.com

Jeltrate™: MATERIAL PARA IMPRESIONES DE ALGINATO

Pregúntele a su odontólogo local como encargar éste estupendo compuesto para modelado, endurece rápidamente.
http://xray.essix.com/impression/jeltrate.html

KEMPER POTTERY TOOLS™

Contiene 8 herramientas para diseños en arcilla: espátulas para ceramista, raspador de acero, punzón y otras.
www.polymerclaymall.com
www.clayfactoryinc.com

KLEAN KLAY™

Arcilla para modelar, no tóxica, presentaciones de 9 1/2 onzas (.25 kg) y 12 onzas (.30 kg).
www.kleanklay.com

MARZIPAN

Masa comestible parecida a caramelos, se obtiene en panaderías o en tiendas de comestibles.
www.kitchenkrafts.com

MIX-A-MOLD™

No tóxica, no inflamable, sin olor, se mezcla con agua, forma un molde gomoso y flexible en minutos, vierta en un envase de moldeado, deje endurecer, remueva el objeto, en porciones de 8 onzas (227 g) o 2.5 libras (1 kg).
www.artsuppliesonline.com
www.amaco.com

MOIST CLAY™

No tóxica, viene lista para usar, endurece por cocción o al aire, recomienda su uso como arcilla con todas las edades, niños pequeños, supervisados, 5 libras (2.25 kg).
Great Clay Company
greatclay@greatclay.com
www.greatclay.com/clay.htm

NEVO.350™

Arcilla a cocción o de secado al aire, impermeable sin glasear, se mantiene húmeda en una bolsa plástica, deja secar al aire o coloque en una bandeja en un horno frio, caliente a 350°F (180°C) durante una hora, deje enfriar y use o decore, 2 libras (.90 kg).
American Art Clay Co.
www.amaco.com

PERMASTONE™

Material extra fuerte para vaciado, añada 3 partes de Permastone a 1 parte de agua, use como yeso, se saca del molde en 20 a 30 minutos, deje secar durante la noche antes de pintar, 3 libras (1.35 kg) o 14 onzas (6.30 kg).
www.happyhobby.com
www.activa-products.com

PLASTER OF PARIS (YESO de PARíS)

Indicaciones del paquete: mida 2 partes de yeso por cada parte de aqua, añada todo al recipiente, deje en remojo por unos instantes, revuelva, viértalo en el molde, sacúdalo para nivelar y sacar las burbujas, déjelo fraquar o curar durante 30 a 50 minutos, remueva, recorte los bordes, deje secar completamente, tíñalo, pintelo o dele brillo, bolsa de 5 libras (2.25 kg). *No lave el yeso en el fregadero o desagüe.*
www.artsuppliesonline.com

PLASTILINA™

Viene en muchos lindos colores, incluyendo cl dorado mctálico, no tóxico, no endurece, 5 libras (2.25 kg) de un color, 16 onzas (.45 kg) – 5 piezas, surtido o de un color.
www.canaken.com
www.sculpturehouse.com
www.sculptureshop.com

PLAY DOH™

No tóxico, no es una arcilla, viene en varias presentaciones: Mop Top Hair Shop, Mask, Gadgets, Fingles, y más.
www.playdoh.com

POTTERY CRAFT WHEEL™

Para edades de 8 años o más, arcilla para de secado al aire, no tóxica, incluye pinturas y barniz, necesita dos pilas tipo D.
www.artsuppliesonline.com

ROSEART PLAY CLAY™

Arcilla para jugar, no tóxica, no se endurece.
Rose Art Industries
www.roseart.com

SCULPEY™

Compuesto para modelado, amase hasta que quede suave y dele forma, hornee a 300°F (150°C) durante 15 a 30 minutos, deje enfriar, pintar con acrílicos (en caso contrario – es blanco), puede ser lijado y tallado, no se encogerá, 2 libras (.90 kg).
www.sculpey.com
www.polymerclayexpress.com

SUPER SCULPEY™

Similar a cerámica, se endurece al hornearla, puede ser tallada, lijada y perforada, se puede añadir más a un pedazo ya horneado y hornear de nuevo, amase, dele forma, hornee a 300°F (150°C) entre 15 a 20 minutos, deje enfriar y pinte, 1 libra (.45 kg).
www.sculpey.com

SCULPEY III™

Viene en paquetes de diez colores brillantes de 2 onzas (57 g), envueltos individualmente, se usa igual que el Sculpey regular.
www.sculpey.com

SCULPEY MODELING TOOLS™

Herramientas de fibra de vidrio, 4 herramientas, 1 pincel.
www.sculpey.com

SUPER DOUGH™

Muchos colores y juegos, masa no tóxica de amasado suave, no es una arcilla, no se pega a las manos.
www.sculpey.com
www.allartsupplies.com

Nota: Existen muchos otros productos para modelar y modear, provenientes de infinidad de fuentes. Revise las tiendas locales, jugueterías, casas de "hobbies", de artículos de arte y ferreterías. Otra fuente excelente de suministros son sus catálogos para las escuelas y de materiales artísticos. No olvide la Internet. Si usted encuentra un producto que le guste especialmente, por favor escriba, llame o envíe un correo electrónico a Bright Ring Publishing y comparta sus hallazgos con MaryAnn.

153

Commercial Modeling Product

Many clay and modeling products are available in art shops, toy stores, craft and hobby stores, and school supply catalogs. These products can add to the artistic experience of children, but are in no way required. This list is only a resource to help with evaluating other alternatives to the activities presented in *Mudworks*.

Beeswax ("knet-bienewachs™")
For modeling, comes in all colors or natural beige, and has a fragrant honey scent, very pliable unique forgiving medium, does not dry out, cannot be baked because it melts when heated. *(hint: warm hands to speed softening of wax)*
www.actira-products.com
www.waxhouse.com
www.silvercityapiaries.com/

Celluclay™
Non-toxic, needs no firing, mixes easily mixes quickly, instant papier-mâché. Good for figurines, jewelry, relief maps, models. Available in 1, 5, 12, and 24 lb. (0.45, 2.25, 5.40, 11 kg) bricks.
Activa Products, Inc.
www.sculpt.com

Clayola™
Box of clay-type material, non-toxic, non-hardening, variety of colors, one color per box. 1 lb (.45 kg)
Binney & Smith
www.crayola.com

Claytime™
Ages 3 & up. Soft, pliable, non-toxic. Comes with clay, molds, tools.
Ideaplastos, Inc.
www.ideaplastos.com

Darwi™
Modeling compound, ready to use, air dries, dampen as used and smooth with wet finger. Darwi paints and varnish also available. 1 lb.. (.45 kg)
www.polymerdaymall.com

Das Pronto & Terracotta™
Let air-dry and decorate, then paint or varnish, stores in plastic bag. 2 lb (.90 kg) and other sizes.
www.inzart.com/daspronto.shtml

Dental Wax
30 sheets in 1 pound (.45 kg) box of 3"x5"x1/16" (7.5 cm x 12.5cm x 1.5 cm) sheets. Model and explore freely.
Aluwax Dental Products
www.aluwaxdental.com

Fimo™
Bright colors, modeling clay. Harden in 275°F (140°C) oven, coat with Fimo Lacquer™ when cool, then dry.
Polymer Clay Express
www.polymerclayexpress.com
www.fimozone.com

Friendly Plastic™
Hardens, can be remelted. Use: add pellets to boiling water, drain, shape with hands, press in, mold, or use tools, hardens as it cools. Decorate, use glitter or feathers while soft or paint when hard, can be remelted and reshaped. 4 oz (113 g) colored pellets.
American Art Clay Co.
catalog@amaco.com
www.amaco.com

Galt Newday Modeling Set™
Tools and clay in a bucket. Also available: Instant Papier-Mâché Set ages 7+. Mix adhesive, dries to hard finish. Includes bowl, spoon, and tools.
James Galt & Company Ltd, England
Ph +44 (0)161 428 9111
Fax +44 (0)161 428 6597
www.galt.co.uk/ • mail@galt.co.uk

Jeltrate™ – Alginate Impression Material (quick setting)
Ask a local orthodontist or taxidermist about ordering this amazing modeling compound.
http://xray.essix.com/impression/jeltrate.html

Kemper Pottery Tool Kit™
8 tools: potters rib, steel scraper, ribbon tools, loop tool, sponge, and more.
clayfactoryinc.com
www.polymerclaymall.com
clayfactoryinc@clayfactoryinc.com

Klean Klay™
Non-toxic modeling clay. 9 1/2 oz (.25 kg) and 12 oz (.30 kg)
www.kleanklay.com

Marzipan
Edible candylike dough, found in baking or grocery departments.
www.kitchenkrafts.com

Mix-A-Mold™
Non-toxic, non-flammable, odorless. Mix water with product. Forms a rubbery, flexible mold in minutes, pour into mold container, set, remove object, mold is ready to cast. Comes in 8 oz (227 g) or 2 1/2 lb (1 kg).
American Art Clay Co.
www.amaco.com

Moist Clay™
Non-toxic, comes ready to use. Fires or air hardens, recommended for clay use with all ages, younger children, supervised. 5 lbs (2.25 kg),
Great Clay Company
greatclay@greatclay.com
www.greatclay.com/clay.htm

Nevo.350™
Oven firing clay or air dry. Waterproof without glazing, keeps moist in plastic bag. Use: air dry or place on baking sheet in cool oven, set at 350°F (180°C) for one hour, cool, use or decorate. 2 lb (.90 kg)
American Art Clay Co.
www.amaco.com

Permastone™
Extra strong casting medium, add 3 parts Permastone to 1 part water, use like plaster, releases from a mold in 20–30 minutes, dry overnight before painting. 3 lbs (1.35 kg) or 14 oz (.40 kg)
www.happyhobby.com
www.activa-products.com

Plaster of Paris
Package directions: Measure 2 parts plaster to 1 part water, add all to container, let it soak a few moments, then stir, pour plaster into mold, shake to level and release bubbles, set or cure 30–50 minutes, remove, trim edges, dry thoroughly, then stain, paint or gild. 5 lb (2.25 kg) bag. *Do not wash plaster of Paris down the sink or any other drain or a serious clog will occur.*
www.artsuppliesonline.com

Plastilina™
Modeling compound, comes in four consistencies: No.1 – soft, extremely plastic; No.2 – medium, gen-eral work; No.3 – medium firm, for smaller models; No.4 – very hard, good for small figures, medallions, reliefs. Will never harden, improves with use and age. 2 lbs.(.90 kg),
www.sculpturehouse.com
www.sculptureshop.com

Play Doh™
Non-toxic, not a clay, comes in many kits: Mop Top Hair Shop, Mask, Gadgets, Fingles, Pocket Knife, and more.
Hasbro, Inc.
www.playdoh.com

Pottery Craft Wheel™
Ages 8+. Air dry clay, non-toxic, includes paints and glaze, needs two D cell batteries.
www.artsuppliesonline.com

Roseart Modeling Clay™
Non-toxic, non-hardening play clay.
Rose Art Industries, Inc.
www.roseart.com
info@roseart.com

Sculpey™
Modeling compound. Knead until soft and shape. Bake at 300°F (150°C) 15–30 minutes, cool, paint with acrylics. Otherwise, is white. Can be sanded, carved, & won't shrink. 2 lbs (.90 kg)
www.sculpey.com
www.polymerclayexpress.com

Super Sculpey™
Ceramic-like, bakes hard in oven. Can be carved, sanded, drilled. Can add more to a baked piece and bake again, knead, shape, bake at 300°F (150°C) 15–20 minutes, cool, paint. 1 lb (.45 kg)
www.sculpey.com

Sculpey III™
Comes in ten bright, 2 oz (57 g) individually wrapped colors, same directions as regular Sculpey.
www.sculpey.com

Sculpey Modeling Tools
Fiberglass tools, 4 tools, 1 brush.
www.toydirectory.com

Super Dough
Many colors, and sets. Non-toxic, soft pliable dough. Not clay. Will not stick to hands.
www.allartsupplies.com

Note:
Many other products are available for modeling and molding and from countless additional sources. Check your local toy, hobby, art, and hardware stores. Another excellent resource is school and art supply catalogs. Don't forget the internet! If you find a product you especially like, please write, call, or email Bright Ring Publishing and share your findings with MaryAnn.

Indice

When you know	Multiply by	To Find
onzas / ounces	28.35	grams
libras / pounds	0.45	kilograms
cucharitas / teaspoons	4.93	milliliters
cucharadas / tablespoon	14.78	milliliters
onzas / fluid ounces	29.57	milliliters
tazas / cups	0.24	liters
pintas / pints	0.47	liters
cuartos / quarts	0.95	liters
galóns / gallons	3.79	lite

EQUIVALENTES
EQUIVALENTS

t. = teaspoon = cucharita
T. = tablespoon = cucharada
c = cup = taza
oz = ounce = onza
" = inch = pulgada
' = feet = pie

1/8 cucharita = .5 ml
1/4 cucharita = 1 ml
1/2 cucharita = 2 ml
3/4 cucharita = 4 ml
1 cucharita = 5 ml
1 Tablespoon = 15 ml
2 Tablespoons = 30 ml

1/4 cup = 60 ml
1/3 cup = 75 ml
1/2 cup = 125 ml
3/4 cup = 175 ml
1 cup = 250 ml
2 cups (1 pint) = 500 ml
3 cups = 750 ml
4 cups (1 quart) = 1 Liter
1 quart = 1 L (Liter)
4 quarts = 1 gallon = 4 L

1/8 pulgada = 3 mm
1/4 pulgada = 6 mm
1/2 pulgada = 12 mm = 1.5 cm
3/4 pulgada = 18 mm - 2 cm
1 pulgada = 2.5 cm
12 pulgadas = 1 foot = 1 pie
12 pulgadas = 30 cm

guía de materiales utilizados / resource guide

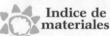

Indice de materiales

Indexes

Indexes (continued)

Materials Index

Bright Ideas Bookshelf ··· Art Resource Books by MaryAnn F. Kohl ·····

$14.95 • 144 pages
Bright Ring
• Ages 3–12 •

DISCOVERING GREAT ARTISTS
Hands-On Art in the Styles of the Great Masters
MaryAnn Kohl & Kim Solga
ISBN 09-35607-09-9
  100+ easy art ideas focusing on the style of a great master from the past or present. More than 80 artists featured including Picasso, Monet, & O'Keeffe. Most popular art book title of all.

$14.95 • 160 pages
Bright Ring
• All Ages •
Bilingual • Edición bilingüe

MUDWORKS – Bilingüe / Bilingual
Experiencias creativas con arcilla, masa, y modelado
Creative Clay, Dough, & Modeling Experiences
ISBN 0-935607-17-X
  50+ of the best projects from the original edition of Mudworks, translated into both Spanish and English on facing pages, for children and adults - all ages.

$14.95 • 152 pages
Bright Ring
• All Ages •

MUDWORKS
Creative Clay, Dough & Modeling Experiences
MaryAnn Kohl
ISBN 09-35607-02-1
  100+ modeling and play-art ideas using play dough, mud, papier-mâché, plaster of Paris, and other mixtures from household supplies. Award Winning Best Seller. An arts and crafts classic!

$15.95 • 144 pages
Bright Ring
• Ages 3–10 •

SCIENCE ARTS
Discovering Science Through Art Experiences
MaryAnn Kohl & Jean Potter
ISBN 09-35607-04-8
  200+ art experiences explore basic science concepts. Amazing ooo-ahh projects to entice even the most reluctant artist into exploration, discovery, and creativity.

$16.95 • 224 pages
Bright Ring
• Ages 4–10 •

GOOD EARTH ART
Environmental Art for Kids
MaryAnn Kohl & Cindy Gainer
ISBN 09-35607-01-3
  200+ art explorations using common materials collected from nature or recycled from throw-aways. FIlled with easy ideas for appreciating the earth through art.

$14.95 • 144 pages
Bright Ring
• Ages 2–12 •

SCRIBBLE ART *Newest Edition*
Independent Creative Art Experiences for Children
MaryAnn Kohl
ISBN 09-35607-05-6
  200+ process art ideas that applaud exploring in an independent, non-competitive, open-ended setting. Only basic art materials and kitchen supplies needed. (Originally published as *Scribble Cookies*.)

$19.95 • 260 pages
Gryphon House
• Ages 3–(12) •

PRESCHOOL ART
It's the Process, Not the Product
MaryAnn Kohl
ISBN 0-87659-168-3
  Over 250 process-oriented art projects designed for children 3-6, but enjoyed by kids of all ages. Uses materials found commonly at home or school. Organized by months, seasons, and art technique.

$14.95 • 144 pages
Gryphon House
• All Ages •

The BIG MESSY ART Book
*Easy to Clean Up
MaryAnn Kohl
ISBN 0-87659-206-X
  100+ adventurous activities beyond the ordinary for exploration of art on a grander more expressive scale. Hundreds of bonus variations included.

$14.95 • 160 pages
Gryphon House
• Ages 3–10 •

COOKING ART
MaryAnn Kohl & Jean Potter
ISBN 0-87659-184-5
  150+ artistic, edible recipes for learning the joys of food design. Food is designed, prepared and eaten as part of meals, snacks, parties (some for pets and outdoor friends too). 3/4 of the recipes require no cooking or baking.

$14.95 • 190 pages
Gryphon House
• Ages 1–8 •

MAKING MAKE-BELIEVE
Fun Props, Costumes, & Creative Play Ideas
MaryAnn Kohl
ISBN 0-87659-198-5
  125+ ideas for pretend and make-believe through storybook play, games, cooking, mini-plays, dress-up and masks, imagination spaces, puppets, and more enrich children's playtime.

$14.95 • 190 pages
Gryphon House
• All Ages •

GLOBAL ART
Activities, Projects, and Inventions from Around the World
MaryAnn Kohl & Jean Potter
ISBN 0-87659-190-X
  135+ easy-to-do art projects exploring collage, painting, drawing, construction, and sculpture while introducing kids to cultures and people worldwide. Uses art materials and kitchen supplies.

$19.95 • 260 pages
Gryphon House
• Ages 3–6+ •

MATH ARTS
Exploring Math through Art for 3-6 Year Olds
MaryAnn Kohl & Cindy Gainer
ISBN 0-87659-177-2
  200+ innovative activities to introduce preschoolers through second graders to early math concepts through art projects. Essential math skills without pain!

PRESCHOOL ART SERIES
5 books of art fun for preschool kids & older, excerpted from the award winning single volume, *Preschool Art.*
64 pages each • $7.95 each
        Series ISBN 0-87659...
• CLAY & DOUGH   ...250-7
• CONSTRUCTION   ...2-515
• PAINTING   ...224-8
• DRAWING   ..223-X
• COLLAGE & PAPER ...252-3

$9.95 • 128 pages
Robins Lane Press
• All Ages •

SNACKTIVITIES
50 Edible Activities for Parents & Young Children
ISBN 1-58904-010-4
  50+ fun, creative concoctions in minutes for snacktime or any time. Dinosaur eggs, tomato towers, star buscuits, alphabet sandwiches and more. 50 favorite recipes selected from *Cooking Art.*

"Bright Ring Publishing, Inc. respects the unique creative abilities of each child, and produces quality art ideas books to inspire exploration and discovery through art process for children of all ages." Thank you for caring!

             ~ *MaryAnn Kohl,*
             author & publisher

Bright Ring
Publishing, Inc.

P.O. Box 31338 • Bellingham, WA 98228-3338
800-480-4278 • FAX 360-383-0001 • 360-398-9801
www.brightring.com • info@brightring.com

Billing Address

Name_____

Address_____

City_____ State_____ Zip_____

Phone (_____)_____ Email _____

Shipping Address *(if different from billing address)*

Name_____

Address_____

City_____ State_____ Zip_____

Phone (_____)_____ Email _____

Qty	Title of Book	Each	Price
	DISCOVERING GREAT ARTISTS *Hands-On Art for Children in the Styles of the Great Masters*	$14.95	
	MUDWORKS *Creative Clay, Dough, and Modeling Experiences*	$14.95	
	MUDWORKS EDICIÓN BILINGÜE ~ BILINGUAL EDITION *(Spanish & English in one book)* *Experiencias creativas con arcilla, masa, y modelado*	$14.95	
	SCRIBBLE ART *Independent Creative Art Experiences for Children*	$14.95	
	SCIENCEARTS *Discovering Science Through Art Experiences*	$15.95	
	GOOD EARTH ART *Environmental Art for Kids*	$16.95	
	COOKING ART *Easy Edible Art for Young Children*	$14.95	
	PRESCHOOL ART *It's the Process Not the Product*	$19.95	
	MAKING MAKE-BELIEVE *Fun Props, Costumes, and Creative Play Ideas*	$14.95	
	GLOBAL ART *Easy Edible Art for Young Children*	$14.95	
	MATHARTS *Exploring Math through Art for 3-6 Year Olds*	$19.95	
	THE BIG MESSY ART BOOK *But Easy to Clean-Up*	$14.95	
	PRESCHOOL ART: CLAY & DOUGH	$ 7.95	
	PRESCHOOL ART: CRAFT & CONSTRUCTION	$ 7.95	
	PRESCHOOL ART: PAINTING	$ 7.95	
	PRESCHOOL ART: DRAWING	$ 7.95	
	PRESCHOOL ART: COLLAGE & PAPER	$ 7.95	
	SNACKTIVITIES *50 Edible Activities for Parents and Young Children*	$ 9.95	